JN039538

改訂2版

伊藤塾 1分マスター 行政書士

THE ITOJUKU GUIDE TO THE GYOSEISHOSHI EXAM
ESSENTIAL CLAUSES

伊藤塾：著

重要条文
編

本書には、「赤色チェックシート」がついています。

はじめに

　本書は、行政書士試験の合格を目指す、すべての受験生のための本です。**必ず押さえておかなければならない、基本的かつ重要な条文を記憶しやすいように工夫**しています。

　2009年の年末に初版を刊行して以降、多くの方々にご利用いただき、刷を重ねてきました。そして、刷が変わる度に新しい情報を入れてきましたが、今回、**2020年4月より大幅に変わった民法の債権法分野をはじめとする法改正に対応**させ、改訂2版としました。

　テキスト、過去問題は一通りやったが実力が向上しないと思っている方、多肢選択式や記述式問題においてなかなか的確に解答することができない方など、まずは本書にて基本かつ重要な条文におけるキーワードを押さえてください。

　条文におけるキーワードを"記憶する"ことは、合格への第一歩です。記憶する際には、単に丸暗記するのではなく、**必ず理解したうえで記憶**するようにしてください。

　本書は、**特に学習の導入期と中期に使用すると役立つ**ものですが、**試験の直前期においても記憶すべき事項をきちんと覚えているかどうかを確認するのに役立つ**ようになっています。

　直前期には、**付属の赤シートを利用して、自分がどれだけ記憶ができているかを確認**してみて、記憶できていないところは、もう一度理解し直して、そして記憶しましょう。

　一生懸命に頑張ってもなかなか思ったとおりの成果が出ないことがあります。そこであきらめて投げ出すか、なおも歯をくいしばって頑張るかが合格への分かれ道になります。

　最後まであきらめないで頑張った方だけが、夢を実現できるのです。勉強をしていて、もうダメだと思ってからあと1問を

解く、もう読めないと思ってからさらにあと1ページを読むなどしてください。

　そうすれば、**合格するために最も重要な"根っこの忍耐力"**を身につけることができます。

　根っこの忍耐力を身につけることができれば、試験の本番で残り時間が1分しかないという場面であっても、あきらめず、くらいついて1点をもぎとり、その1点で合格することがあります。伊藤塾で多くの受験生を見てきましたが、そうして合格できた方が数多くいました。

　最後になりましたが、本書が一人でも多くの方々の法律学習の一助となり、合格後に市民に最も身近な法律家として活躍されることを願ってやみません。

　さあ、本書を効果的に利用して、合格への第一歩を踏み出しましょう！

　なお、本書を出版するにあたり、伊藤塾・行政書士試験科の志水晋介講師や川崎貴志さんをはじめとする多くの伊藤塾・法教育研究所教務スタッフのほか、企画・編集等に携わっていただいた伊藤塾の阿部真由美さん、刊行にご尽力いただいたKADOKAWAの編集部の方々をはじめ、すべての関係者に深謝いたします。

伊藤塾・行政書士試験科

　本書は原則として、2021年4月25日時点での情報を基に原稿執筆・編集を行っています。試験に関する最新情報は、試験実施機関のウェブサイト等にてご確認ください。

◆◆◆ 本書の特徴 ◆◆◆

◇本書はどんな本？

　本書は、伊藤塾の行政書士試験対策講座で使われている教材を書籍化したもので、あらゆる行政書士試験受験生を対象にしています。

　同時発売の『改訂2版　伊藤塾　1分マスター行政書士　重要用語・重要判例編』（KADOKAWA）とあわせて学習したり、試験直前の実力診断や弱点のチェックなど、実践的な使い方ができます。

　実は本書のもととなった教材は、**受講生に非常に好評で、合格者の多くが活用してきたもの**です。

　本書の特徴としては、択一式対策として、もちろん有益ですが、特に多肢選択式や記述式対策に効果を発揮します。

　多肢選択式の問題は、空欄補充形式といい、空欄に適切な用語がどれであるかを補充させるものであり、記述式の問題は、マス目に沿って40字程度の文章で記述させる形式で出題されているので、どんなに難しいことを理解していても、**書くべきキーワードを"記憶"していなければ、解答欄に"記述"することはできません。**

　本書でキーワード（キーフレーズ）をしっかりと記憶し、本試験対策を万全のものとしましょう！

◇本書の効果的な活用法

① 　何度も問題を解き直そう
　本書の使用方法の鉄則として、**復習をしっかりと行うこと**を

忘れないようにしてください。

多くの人は、問題を解いたときに、正解であったか、不正解であったかということだけに注意がいきがちです。しかし、行政書士試験の勉強において、問題を解けたか、解けなかったかということ自体に、実はそれほど意味はありません。

皆さんの学習の目標は、**行政書士試験に合格する**ということなので、実際の本試験で問題が解ければ、それでいいのです。

むしろ、学習段階で問題を解くという行為がなぜ大切なのかというと、**問題を解いた時点での自分の弱点を把握する**というところにあります。したがって、問題を解いた後は、理解できるまでしっかりと復習をしてください。

この復習の有無が、将来の行政書士試験の合否を分けるといっても過言ではありません。

② 何度もできなかった問題は時間をとって覚えよう

何度解いてみても間違えてしまうという問題もあると思います。

これは、出題されている項目の内容が、あなたの頭の中に定着していない可能性が考えられます。

一度"記憶する時間"をしっかりととって、記憶をしましょう。記憶する時間を設けることで、確実に知識が定着するようになります。

あくまでも"理解"が前提とはなりますが、試験ですので、"記憶"していなければ問題を解くことができません。

記憶が定着するまで"繰り返し""記憶する"、これが復習において最も大切なことで、何度も何度も繰り返すことで必ず合格に近づきます。

◇本書の構成

　本書は、行政書士試験で要求される憲法、行政法、民法、商法（会社法）の４つを取り上げ、以下のような問題数で構成されています。

憲法：97	行政法　　　：153
民法：246	商法（会社法）：34

　行政法は、例年、行政書士試験において300点満点中112点と全出題の37％を占める、行政書士試験対策上最重要科目となっています。

　また、民法は学習範囲がほかの科目と比べて広く、条文数も1050条もあり（憲法は103条）、記憶すべき事項が多くあり、かつ300点満点中76点で全出題の25％を占める、行政法に次いで試験対策上重要な科目となっています。

　このように試験対策上、特に行政法と民法が重要となりますので上記のような構成となっています。

　時間があまりない方は、行政法と民法を中心に学習されることをオススメします。

◆◆◆ 本書の使い方 ◆◆◆

1 問題ページの使い方

初めて本書を使う場合には、以下のポイントを理解してから解き始めると効果的です。

① **学習分野ごとに項目名を掲載しています**

項目別で並んでいますので、法律別の学習や苦手な分野だけを学習することもできます。

② **2回分の日付欄とチェック欄があります**

学習した日付を記入し、間違えた問題や理解が不十分な箇所がわかるようにチェック欄に印を入れましょう。

③ **項目の重要度を高いほうから星の数（★★★〜 ★）で表しています**

　　★★★……出題されやすく、特に重要な項目

　　★★……重要な項目

　　★ ……時間がないときは後回しにしてもよい項目

本書に掲載されているものはすべて重要ですが、試験直前期などは星の数を参考にして、確認すると効果的です。

④ **特に重要な問題や注意すべき問題には、「重要」「注意」のマークを左側に掲載しています**

重要は、特に重要な問題です。時間がない場合には、最低限この重要だけでも押さえましょう。

注意は、ひっかかりやすい問題です。ひっかからないように注意しましょう。

11

❶ ／　❷ ／

国　会 ④

RANK
★
★★

④「重要」「注意」マーク

□□ 55　衆議院で可決し、参議院でこれと異なった議決をした法律案は、衆議院で□□□□以上の多数で再び可決したときは、法律となる。

□□ 56　参議院が、衆議院の可決した法律案を受け取った後、国会休会中の期間を除いて　①　以内に、議決しないときは、衆議院は、参議院がその法律案を　②　とみなすことができる。

注意 □□ 57　予算は、さきに□□□□に提出しなければならない。

重要 □□ 58　予算について、参議院で衆議院と異なった議決をした場合に、法律の定めるところにより、　①　を開いても意見が一致しないとき、又は参議院が、衆議院の可決した予算を受け取った後、国会休会中の期間を除いて　②　以内に、議決しないときは、　③　を国会の議決とする。

□□ 59　国会は、罷免の訴追を受けた　①　を裁判するため、両議院の議員で組織する　②　を設ける。

2 解答ページの使い方

① すべての項目が見開きで完結します

問題ページの右側に必ず解答ページがあるので、すぐに答え
あわせができ、知識を習得しているか確認できます。

② 問題の解答は付属の赤シートで消えます

問題を解く際には、答えが見えないように、付属の赤シート
で、解答ページを隠して利用すると効果的です。

ただし、初学者であれば、最初は問題を見てもなかなか解答
することができないことが多いと思います。その場合には、解
答を見ながら記憶していくのも1つの方法です。

③ 問題の条文数を掲載しています

何度も間違える箇所については、使用している基本テキスト
や六法などに戻って確認しましょう。

④ 学習項目で特に押さえておくべき事項を、
「**ポイント!**」に掲載しています

ポイント! の中の重要語句も赤シートで消えるようにしてい
ますので、解答とあわせて記憶しましょう。

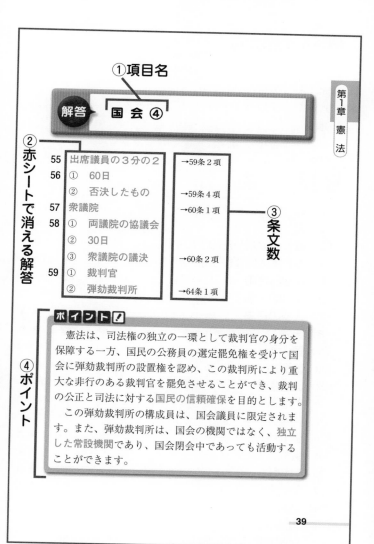

① 項目名

解答　　国　会　④

② 赤シートで消える解答

55	出席議員の3分の2	→59条2項
56	① 60日	
	② 否決したもの	→59条4項
57	衆議院	→60条1項
58	① 両議院の協議会	
	② 30日	
	③ 衆議院の議決	→60条2項
59	① 裁判官	
	② 弾劾裁判所	→64条1項

③ 条文数

ポイント

　憲法は、司法権の独立の一環として裁判官の身分を保障する一方、国民の公務員の選定罷免権を受けて国会に弾劾裁判所の設置権を認め、この裁判所により重大な非行のある裁判官を罷免させることができ、裁判の公正と司法に対する国民の信頼確保を目的とします。

　この弾劾裁判所の構成員は、国会議員に限定されます。また、弾劾裁判所は、国会の機関ではなく、独立した常設機関であり、国会閉会中であっても活動することができます。

④ ポイント

39

CONTENTS

第 **1** 章
憲 法

<table>
<tr><td>第4章</td><td colspan="3">行政法③──行政事件訴訟法</td></tr>
</table>

<table>
<tr><td>第5章</td><td colspan="3">民　法</td></tr>
</table>

第 **6** 章

商法（会社法）

本文 DTP　フォレスト

第 **1** 章

憲 法

1 前 文

□□ **1** 日本国民は、正当に選挙された国会における**代表者**を通じて行動し、われらとわれらの子孫のために、諸国民との協和による成果と、わが国全土にわたって自由のもたらす恵沢を確保し、政府の行為によって再び戦争の惨禍が起ることのないようにすることを決意し、ここに**主権**が ① を宣言し、この憲法を確定する。

そもそも国政は、国民の厳粛な信託によるものであって、その権威は国民に由来し、その権力は国民の代表者がこれを行使し、その福利は国民がこれを享受する。これは人類普遍の原理であり、この憲法は、かかる原理に基くものである。

われらは、これに反する一切の ② を排除する。

解答　前　文

1　① 国民に存すること

　② 憲法、法令及び詔勅 →前文1段

―【参考条文：前文の続き】―

　日本国民は、恒久の平和を念願し、人間相互の関係を支配する崇高な理想を深く自覚するのであって、平和を愛する諸国民の公正と信義に信頼して、われらの安全と生存を保持しようと決意した。われらは、平和を維持し、専制と隷従、圧迫と偏狭を地上から永遠に除去しようと努めている国際社会において、名誉ある地位を占めたいと思う。われらは、全世界の国民が、ひとしく恐怖と欠乏から免かれ、平和のうちに生存する権利を有することを確認する。

　われらは、いずれの国家も、自国のことのみに専念して他国を無視してはならないのであって、政治道徳の法則は、普遍的なものであり、この法則に従うことは、自国の主権を維持し、他国と対等関係に立とうとする各国の責務であると信ずる。

　日本国民は、国家の名誉にかけ、全力をあげてこの崇高な理想と目的を達成することを誓う。

ポイント

　前文では、憲法の基本原理である国民主権と平和主義について述べられています。

　この「主権」には、①統治権、②最高独立性、③最高決定権という複数の意味があります。

2 天 皇

RANK ★★

重要 ☐☐ **2** 天皇は、日本国の ① であり日本国民統合の ① であって、この地位は、主権の存する日本国民の ② に基く。

☐☐ **3** 皇位は、世襲のものであって、国会の議決した □□□□ の定めるところにより、これを継承する。

☐☐ **4** 天皇の国事に関するすべての行為には、内閣の □□□□ を必要とし、内閣が、その責任を負う。

☐☐ **5** 天皇は、この憲法の定める国事に関する行為のみを行い、□□□□ 権能を有しない。

☐☐ **6** 天皇は、法律の定めるところにより、その国事に関する行為を □□□□ することができる。

☐☐ **7** 皇室典範の定めるところにより摂政を置くときは、摂政は、□□□□ の名でその国事に関する行為を行う。

注意 ☐☐ **8** 天皇は、 ① の指名に基いて、内閣総理大臣を任命する。天皇は、 ② の指名に基いて、最高裁判所の長たる裁判官を任命する。

解答 天 皇

- 2 ① 象徴
  - ② 総意　　　　　　→1条
- 3 皇室典範　　　　　　→2条
- 4 助言と承認　　　　　→3条
- 5 国政に関する　　　　→4条1項
- 6 委任　　　　　　　　→4条2項
- 7 天皇　　　　　　　　→5条
- 8 ① 国会
  - ② 内閣　　　　　　→6条

ポイント！

　天皇は、内閣の助言と承認により、国民のために、以下の国事行為をすることができる（7条）。
- 憲法改正、法律、政令及び条約の公布
- 国会の召集　　● 国務大臣等の任免等
- 国会議員の総選挙の施行の公示　　● 衆議院の解散
- 大赦、特赦、減刑、刑の執行の免除及び復権を認証すること
- 栄典の授与　　● 批准書などの認証
- 外国の大使及び公使の接受　　● 儀式を行うこと

戦争の放棄〜法の下の平等

RANK
★★

戦争の放棄

□□　**9**　日本国民は、正義と秩序を基調とする国際平和を誠実に希求し、国権の発動たる戦争と、武力による威嚇又は武力の行使は、[　　　]手段としては、永久にこれを放棄する。

基本的人権の享有

□□　**10**　国民は、すべての[　　　]の享有を妨げられない。この憲法が国民に保障する[　　　]は、侵すことのできない永久の権利として、現在及び将来の国民に与えられる。

個人の尊重、幸福追求権

□□　**11**　すべて国民は、[①]尊重される。生命、自由及び[②]に対する国民の権利については、公共の福祉に反しない限り、立法その他の国政の上で、最大の尊重を必要とする。

法の下の平等

重要　□□　**12**　すべて国民は、[　　　]に平等であって、人種、信条、性別、社会的身分又は門地により、政治的、経済的又は社会的関係において、差別されない。

解答 戦争の放棄～法の下の平等

戦争の放棄

9 国際紛争を解決する　　→9条1項

基本的人権の享有

10 基本的人権　　　　　　→11条

個人の尊重、幸福追求権

11 ① 個人として

　　② 幸福追求　　　　　→13条

法の下の平等

12 法の下　　　　　　　→14条1項

ポイント

　9条関連で覚えておいてほしいのが、日米安全保障条約の合憲性が争われた砂川事件です。

　この事件では、当該条約が違憲であるか否かについては、裁判所の司法審査権は、一見極めて明白に違憲無効であると認められない限りは、裁判所の司法審査権の範囲外にあるとされました。

4 参政権／国務請求権

RANK ★★

❶ ／ ❷ ／

参政権

☐☐ **13** 公務員を選定し、及びこれを罷免することは、 □□□□ の権利である。

☐☐ **14** 公務員の選挙については、**成年者**による □□□□ を保障する。

 ☐☐ **15** すべて選挙における □□□□ は、これを侵してはならない。選挙人は、その選択に関し**公的**にも**私的**にも責任を問われない。

国務請求権

☐☐ **16** 何人も、 ① 、公務員の罷免、法律、命令又は規則の制定、廃止又は改正その他の事項に関し、 ② に請願する権利を有し、何人も、かかる請願をしたためにいかなる ③ も受けない。

☐☐ **17** 何人も、公務員の □□□□ により、**損害**を受けたときは、法律の定めるところにより、国又は公共団体に、その**賠償**を求めることができる。

解答 参政権／国務請求権

参政権

13 国民固有 →15条1項

14 普通選挙 →15条3項

15 投票の秘密 →15条4項

国務請求権

16 ① 損害の救済

② 平穏

③ 差別待遇 →16条

17 不法行為 →17条

ポイント

- 参政権とは、国民が主権者として、直接または代表者を通じて、国の政治に参加する権利であり、選挙権、被選挙権、国民投票権、公務就任権などがあります。

- 国務請求権の多くは、国に対して一定の請求を行う権利であり、上記の問題のほかにも、裁判を受ける権利（32条）や刑事補償請求権（40条）があります。

5 精神的自由

RANK
★
★ ★

重要 □□ **18** 信教の自由は、何人に対してもこれを保障する。いかなる宗教団体も、国から特権を受け、又は⬚⬚⬚の権力を行使してはならない。

□□ **19** 何人も、宗教上の行為、祝典、儀式又は行事に参加することを⬚⬚⬚されない。

□□ **20** 国及びその機関は、宗教教育その他いかなる⬚⬚⬚もしてはならない。

重要 □□ **21** 集会、結社及び言論、出版その他一切の⬚⬚⬚は、これを保障する。

□□ **22** 検閲は、これをしてはならない。⬚⬚⬚は、これを侵してはならない。

解答 ▶ 精神的自由

18	政治上	→20条1項
19	強制	→20条2項
20	宗教的活動	→20条3項
21	表現の自由	→21条1項
22	通信の秘密	→21条2項

ポイント

- 自由権は、精神的自由、経済的自由、人身（身体）の自由に分けられます。

  精神的自由は、民主政の推進力として重要な役割を果たしており、思想・良心の自由（19条）、信仰の自由、学問研究の自由は、表現の自由などの外面的精神活動の基礎となるものです。

- 表現の自由とは、人の内心における精神作用を、方法のいかんを問わず、外部に公表する精神活動の自由です。

  この表現の自由については、論点や判例が多岐にわたっているので、『改訂2版　伊藤塾　1分マスター行政書士　重要用語・重要判例編』などを活用して上手に整理してください。

6 経済的自由／社会権

RANK
★
★ ★

経済的自由

重要 □□ **23** 何人も、 ‾‾‾‾‾‾ に反しない限り、居住、移転及び
職業選択の自由を有する。

□□ **24** 何人も、外国に ① し、又は ② を離脱する
自由を侵されない。

□□ **25** 財産権の内容は、 ‾‾‾‾‾‾ に適合するように、法律
でこれを定める。

□□ **26** 私有財産は、 ‾‾‾‾‾‾ の下に、これを公共のために
用いることができる。

社会権

□□ **27** すべて国民は、 ‾‾‾‾‾‾ の生活を営む権利を有する。

□□ **28** すべて国民は、 ① の定めるところにより、そ
の保護する子女に普通教育を受けさせる義務を負う。
義務教育は、これを ② とする。

□□ **29** ‾‾‾‾‾‾ の団結する権利及び団体交渉その他の団体
行動をする権利は、これを保障する。

解答 経済的自由／社会権

経済的自由

23	公共の福祉	→22条1項
24	① 移住	
	② 国籍	→22条2項
25	公共の福祉	→29条2項
26	正当な補償	→29条3項

社会権

27	健康で文化的な最低限度	→25条1項
28	① 法律	
	② 無償	→26条2項
29	勤労者	→28条

ポイント🖊

営業の自由とは、自己の選択した職業を遂行する自由をいいます。この営業の自由は、判例によれば、職業選択の自由に含まれると解されています。

❶ / **❷** /

7 人身の自由

RANK ★★

注意 □□ **30** 何人も、法律の定める手続によらなければ、その
　　　　　 ① 若しくは ② を奪われ、又はその他の刑罰
　　　　　を科せられない。

□□ **31** 何人も、 ① として逮捕される場合を除いては、
　　　　　権限を有する ② が発し、且つ理由となっている
　　　　　犯罪を明示する ③ によらなければ、逮捕されない。

□□ **32** 強制、拷問若しくは脅迫による□□□又は不当に
　　　　　長く抑留若しくは拘禁された後の□□□は、これを
　　　　　証拠とすることができない。

□□ **33** 何人も、自己に不利益な唯一の□□□が本人の自
　　　　　白である場合には、有罪とされ、又は刑罰を科せられ
　　　　　ない。

□□ **34** 何人も、実行の時に適法であった行為又は既に無罪
　　　　　とされた行為については、□□□を問われない。又、
　　　　　同一の犯罪について、重ねて□□□を問われない。

解答 ► 人身の自由

- 30 ① 生命
  - ② 自由 →31条
- 31 ① 現行犯
  - ② 司法官憲
  - ③ 令状 →33条
- 32 自白 →38条2項
- 33 証拠 →38条3項
- 34 刑事上の責任 →39条

ポイント ✓

　日本国憲法では、人身の自由について、31条以下で詳細な規定を設けています。これは、明治憲法下で行われていた捜査官憲による人身の自由の苛酷な抑圧を徹底的に排除するためです。

　特に31条の「法律の定める手続」とはどのような意味なのかをしっかりと把握しておきましょう。

8 国 会 ①

RANK ★★

重要 □□ **35** 国会は、＿＿＿であって、国の唯一の立法機関である。

□□ **36** 国会は、＿＿＿の両議院でこれを構成する。

□□ **37** 両議院は、＿＿＿する選挙された議員でこれを組織する。

□□ **38** 衆議院議員の**任期**は、＿①＿とする。但し、＿②＿の場合には、その期間満了前に終了する。

□□ **39** 参議院議員の任期は、＿①＿とし、＿②＿ごとに議員の**半数**を改選する。

□□ **40** 両議院の議員は、法律の定めるところにより、＿＿＿から相当額の**歳費**を受ける。

注意 □□ **41** 両議院の議員は、法律の定める場合を除いては、＿①＿中逮捕されず、**会期前**に逮捕された議員は、その＿②＿があれば、**会期中**これを釈放しなければならない。

注意 □□ **42** 両議院の議員は、議院で行った演説、討論又は＿＿＿について、**院外**で責任を問われない。

解答 国 会 ①

35 国権の最高機関　　　→41条
36 衆議院及び参議院　　→42条
37 全国民を代表　　　　→43条1項
38 ① 4年
　　② 衆議院解散　　　→45条
39 ① 6年
　　② 3年　　　　　　→46条
40 国庫　　　　　　　　→49条
41 ① 国会の会期
　　② 議院の要求　　　→50条
42 表決　　　　　　　　→51条

ポイント

　国会が唯一の立法機関であるというのは、国会のみが実質的意味の立法を行うことをいいます。
　国会中心立法の原則（立法は国会を通じてなされるという原則）と国会単独立法の原則（立法は国会以外の機関の関与がなくとも成立するという原則）の2つの意味の違いを押さえておきましょう。

RANK
★
★ ★

❶ / ❷ /

⑨ 国 会 ②

□□ **43** 国会の常会は、毎年 [____] これを召集する。

□□ **44** 内閣は、国会の臨時会の召集を決定することができる。いずれかの議院の [____] 以上の要求があれば、内閣は、その召集を決定しなければならない。

注意 □□ **45** 衆議院が解散されたときは、解散の日から [①] 以内に、衆議院議員の総選挙を行い、その選挙の日から [②] 以内に、国会を召集しなければならない。

注意 □□ **46** 衆議院が解散されたときは、[①] は、同時に閉会となる。但し、[②] は、国に緊急の必要があるときは、[①] の緊急集会を求めることができる。

注意 □□ **47** 緊急集会において採られた措置は、臨時のものであって、次の国会開会の後 [①] 以内に、衆議院の [②] がない場合には、その効力を失う。

重要 □□ **48** 両議院は、各々その議員の [①] に関する争訟を裁判する。但し、議員の議席を失わせるには、[②] 以上の多数による議決を必要とする。

解答　国会②

43	1回	→52条
44	総議員の4分の1	→53条
45	①	40日
	②	30日	→54条1項
46	①	参議院
	②	内閣	→54条2項
47	①	10日
	②	同意	→54条3項
48	①	資格
	②	出席議員の3分の2	→55条

ポイント

　統治の分野では、よく数字が出てきます。この数字は、カードなどに整理して、根気よく覚えてください。

　例えば、3分の1、3分の2、5分の1に関するものをまとめてみたり、60日、30日、10日に関するものをまとめてみたり、数字だけでなく「出席議員の3分の2」「総議員の3分の1」のように主体なども一緒に覚えていきましょう。

□□ **49** 両議院は、各々その＿＿＿以上の出席がなければ、議事を開き議決することができない。

□□ **50** 両議院の議事は、この憲法に特別の定のある場合を除いては、＿＿＿でこれを決し、可否同数のときは、議長の決するところによる。

□□ **51** 両議院の会議は、公開とする。但し、＿＿＿以上の多数で議決したときは、秘密会を開くことができる。

□□ **52** ＿＿＿以上の要求があれば、各議員の表決は、これを会議録に記載しなければならない。

注意 □□ **53** 両議院は、各々その会議その他の手続及び内部の規律に関する規則を定め、又、＿①＿をみだした議員を懲罰することができる。但し、議員を除名するには、＿②＿以上の多数による議決を必要とする。

□□ **54** 法律案は、この憲法に特別の定のある場合を除いては、＿＿＿したとき法律となる。

解答　国　会 ③

49　総議員の３分の１　　→56条１項
50　出席議員の過半数　　→56条２項
51　出席議員の３分の２　→57条１項
52　出席議員の５分の１　→57条３項
53　①　院内の秩序
　　②　出席議員の３分の２　→58条２項
54　両議院で可決　　→59条１項

ポイント ✐

　衆議院の優越の比較は、比較表などで整理しておきましょう。このように、似ているけれど違う制度については、問題が作りやすいため、頻出のテーマとなっています。

　憲法では、「両議院の会議は、公開とする」と定められています。この公開とは、傍聴の自由はもちろん、報道の自由が認められていることを意味します。これに対して、憲法では委員会の公開までは触れられておらず、委員会には公開の原則が適用されません。

❶ ／ ❷ ／

11 国 会 ④

RANK
★★★

□□ **55** 衆議院で可決し、参議院でこれと異なった議決をした法律案は、衆議院で[ ]以上の多数で再び可決したときは、法律となる。

□□ **56** 参議院が、衆議院の可決した法律案を受け取った後、国会休会中の期間を除いて[①]以内に、議決しないときは、衆議院は、参議院がその法律案を[②]とみなすことができる。

注意 □□ **57** 予算は、さきに[ ]に提出しなければならない。

重要 □□ **58** 予算について、参議院で衆議院と異なった議決をした場合に、法律の定めるところにより、[①]を開いても意見が一致しないとき、又は参議院が、衆議院の可決した予算を受け取った後、国会休会中の期間を除いて[②]以内に、議決しないときは、[③]を国会の議決とする。

□□ **59** 国会は、罷免の訴追を受けた[①]を裁判するため、両議院の議員で組織する[②]を設ける。

解答　国 会 ④

| 55 | 出席議員の３分の２ | →59条２項 |

| 56 | ① | 60日 | |
| | ② | 否決したもの | →59条４項 |

| 57 | 衆議院 | →60条１項 |

58	①	両議院の協議会	
	②	30日	
	③	衆議院の議決	→60条２項

| 59 | ① | 裁判官 | |
| | ② | 弾劾裁判所 | →64条１項 |

ポイント✐

　憲法は、司法権の独立の一環として裁判官の身分を保障する一方、国民の公務員の選定罷免権を受けて国会に弾劾裁判所の設置権を認め、この裁判所により重大な非行のある裁判官を罷免させることができ、裁判の公正と司法に対する国民の信頼確保を目的とします。

　この弾劾裁判所の構成員は、国会議員に限定されます。また、弾劾裁判所は、国会の機関ではなく、独立した常設機関であり、国会閉会中であっても活動することができます。

12 内 閣 ①

RANK
★★
★★

□□ **60** 内閣総理大臣その他の国務大臣は、[   ]でなければならない。

□□ **61** 内閣は、行政権の行使について、[   ]に対し連帯して責任を負う。

□□ **62** 内閣総理大臣は、国会議員の中から[   ]で、これを指名する。この指名は、他のすべての案件に先だって、これを行う。

□□ **63** 衆議院と参議院とが異なった指名の議決をした場合に、法律の定めるところにより、[①]を開いても意見が一致しないとき、又は衆議院が指名の議決をした後、国会休会中の期間を除いて[②]以内に、参議院が、指名の議決をしないときは、[③]を国会の議決とする。

注意 □□ **64** 内閣総理大臣は、国務大臣を任命する。但し、その[   ]は、国会議員の中から選ばれなければならない。

解答 内 閣 ①

60	文民		→66条2項
61	国会		→66条3項
62	国会の議決		→67条1項
63	①	両議院の協議会	
	②	10日	
	③	衆議院の議決	→67条2項
64	過半数		→68条1項

ポイント

- 議院内閣制とは、議会と政府を一応分離したうえで議会による政府の民主的コントロールを及ぼすシステムをいいます。

- 内閣についてよく出題されるのは、内閣の権能と内閣総理大臣の権能を逆にした問題です。このような問題に対処するには、条文上の主語にマークするなど、普段の学習から主体を意識することが大事です。

13 内 閣 ②

RANK ★★★★

注意 □□ **65** 内閣総理大臣は、□□□□に国務大臣を罷免することができる。

注意 □□ **66** 内閣は、① で不信任の決議案を可決し、又は信任の決議案を否決したときは、② 以内に衆議院が解散されない限り、③ をしなければならない。

□□ **67** ① とき、又は衆議院議員総選挙の後に初めて ② があったときは、内閣は、③ をしなければならない。

□□ **68** 内閣総理大臣は、内閣を代表して ① を国会に提出し、一般国務及び外交関係について国会に ② し、並びに行政各部を ③ する。

解答　内閣 ②

65 任意　　　　　　　　→68条2項

66 ① 衆議院

② 10日

③ 総辞職　　　　　　→69条

67 ① 内閣総理大臣が欠けた

② 国会の召集

③ 総辞職　　　　　　→70条

68 ① 議案

② 報告

③ 指揮監督　　　　　→72条

ポイント🖉

　解散とは、任期満了前に議員全員の資格を失わせる行為をいいます。衆議院の解散の機能は、内閣による議会への抑制手段と、解散に続く総選挙によって国民の審判を求めることです。

14 裁判所①

❶ /   **❷** /

RANK ★★

☐☐ **69** すべて司法権は、最高裁判所及び法律の定めるところにより設置する□□□□に属する。

注意 ☐☐ **70** ① は、これを設置することができない。 ② は、終審として裁判を行うことができない。

☐☐ **71** すべて裁判官は、その良心に従い独立してその職権を行い、この□□□□にのみ拘束される。

☐☐ **72** 最高裁判所は、下級裁判所に関する規則を定める権限を、下級裁判所に□□□□することができる。

☐☐ **73** 裁判官は、裁判により、① のために職務を執ることができないと決定された場合を除いては、② によらなければ罷免されない。裁判官の懲戒処分は、③ がこれを行うことはできない。

注意 ☐☐ **74** 最高裁判所は、その長たる裁判官及び法律の定める員数のその他の裁判官でこれを構成し、その長たる裁判官以外の裁判官は、□□□□でこれを任命する。

解答　裁判所①

69　下級裁判所　　　　　→76条1項
70　① 特別裁判所
　　② 行政機関　　　　→76条2項
71　憲法及び法律　　　　→76条3項
72　委任　　　　　　　　→77条3項
73　① 心身の故障
　　② 公の弾劾
　　③ 行政機関　　　　→78条
74　内閣　　　　　　　　→79条1項

ポイント

　司法権とは、"具体的な争訟について、法を適用し、宣言することによって、これを裁定する国家の作用"と解されています。また、法律上の争訟とは、"当事者間の具体的権利義務ないし法律関係の存否に関する紛争であって、かつ、それが法令の適用により終局的に解決できるもの"を指します。
　これらのフレーズを覚えておくと、司法権の範囲に関する判例を読むときの指針となります。

15 裁判所②

注意 □□ **75** 最高裁判所の裁判官の任命は、その任命後初めて行われる ① の際国民の審査に付し、その後 ② を経過した後初めて行われる衆議院議員総選挙の際更に審査に付し、その後も同様とする。

□□ **76** 最高裁判所の裁判官は、すべて定期に ① の報酬を受ける。この報酬は、在任中、これを ② することができない。

重要 □□ **77** 下級裁判所の裁判官は、 ① の名簿によって、 ② でこれを任命する。その裁判官は、任期を ③ とし、再任されることができる。但し、法律の定める年齢に達した時には退官する。

□□ **78** 最高裁判所は、一切の法律、命令、規則又は処分が憲法に適合するかしないかを決定する権限を有する ＿＿＿ である。

□□ **79** 裁判の対審及び判決は、＿＿＿でこれを行う。

解答　裁判所②

75　①　衆議院議員総選挙
　　②　10年　　　　　　　　　　　→79条2項
76　①　相当額
　　②　減額　　　　　　　　　　　→79条6項
77　①　最高裁判所の指名した者
　　②　内閣
　　③　10年　　　　　　　　　　　→80条1項
78　終審裁判所　　　　　　　　　　→81条
79　公開法廷　　　　　　　　　　　→82条1項

ポイント

　特別裁判所とは、特別の人間または事件について裁判するために、通常裁判所の系列から独立して設けられる裁判機関のことです。
　特別裁判所の設置は、平等原則や法解釈の統一性から適切でないため、憲法は明文で禁止しています。

16 財政 ①

☐☐ **80** 国の財政を処理する権限は、[　　　]に基いて、これを行使しなければならない。

☐☐ **81** あらたに租税を課し、又は現行の租税を変更するには、法律又は[　　　]によることを必要とする。

☐☐ **82** 国費を支出し、又は国が債務を負担するには、[　　　]に基くことを必要とする。

☐☐ **83** [①]は、毎会計年度の予算を作成し、国会に提出して、その審議を受け[②]を経なければならない。

注意 ☐☐ **84** [①]の不足に充てるため、[②]に基いて予備費を設け、[③]の責任でこれを支出することができる。

☐☐ **85** すべて予備費の支出については、内閣は、[　　　]を得なければならない。

解答 **財 政 ①**

80	国会の議決	→83条
81	法律の定める条件	→84条
82	国会の議決	→85条
83	① 内閣	
	② 議決	→86条
84	① 予見し難い予算	
	② 国会の議決	
	③ 内閣	→87条1項
85	事後に国会の承諾	→87条2項

ポイント

　財政は国民の負担に直接かかわるものであるという重要性から、財政を一般の行政とは異なり、国民の代表機関である国会のコントロール下に置くという財政民主主義の原則を定めています（83条）。

　そして、財政民主主義を国の財政収入の面で具体化するものとして、84条は租税法律主義を定めています。

17 財 政 ②

□□ **86** すべて皇室財産は、国に属する。すべて皇室の費用は、 　　　　 して国会の議決を経なければならない。

重要 □□ **87** 公金その他の公の財産は、宗教上の組織若しくは団体の使用、便益若しくは維持のため、又は公の支配に属しない 　　　　 の事業に対し、これを支出し、又はその利用に供してはならない。

□□ **88** 国の収入支出の決算は、すべて毎年 ① がこれを検査し、内閣は、次の年度に、その ② とともに、これを国会に提出しなければならない。

□□ **89** 　　　　 は、国会及び国民に対し、定期に、少なくとも毎年1回、国の財政状況について報告しなければならない。

解答 **財 政 ②**

86 予算に計上 →88条

87 慈善、教育若しくは博愛 →89条

88 ① 会計検査院

② 検査報告 →90条1項

89 内閣 →91条

ポイント!

89条前段は、政教分離原則を財政面から裏付けたものです。これに対して、後段は、「公の支配」に属さない教育や福祉事業に対しても、国の財政的援助を行わないことを定めたものです。

決算とは、一会計年度の国家の現実の収入・支出の実績を示す確定的計数を内容とする国家行為の一形式をいいます。決算は、予算とは異なり、法規範性はありません。

18 地方自治

RANK ★

❶ ／ ❷ ／

□□ **90** 　地方公共団体の組織及び運営に関する事項は、￼に基いて、法律でこれを定める。

□□ **91** 　地方公共団体の長、その議会の議員及び法律の定めるその他の吏員は、その地方公共団体の￼が、直接これを選挙する。

重要 □□ **92** 　地方公共団体は、その財産を管理し、事務を処理し、及び行政を執行する権能を有し、￼で条例を制定することができる。

□□ **93** 　一の地方公共団体のみに適用される特別法は、法律の定めるところにより、その地方公共団体の住民の投票においてその￼の同意を得なければ、国会は、これを制定することができない。

解答 地方自治

90	地方自治の本旨	→92条
91	住民	→93条２項
92	法律の範囲内	→94条
93	過半数	→95条

ポイント✐

　地方自治の本旨は、住民自治と団体自治とに分かれます。住民自治とは、地方自治は住民の意思に基づいて行われるという民主主義的要素をいい、この住民自治は、中央の議会制を補完する機能を持ちます。

　これに対して、団体自治は、地方自治が国から独立した団体に委ねられ、団体自らの意思と責任の下でなされます。この団体自治は、中央に対する抑制・均衡の機能を持ちます。

19 憲法改正等

注意 □□ **94** この憲法の改正は、各議院の ① 以上の賛成で、国会が、これを発議し、国民に提案してその承認を経なければならない。

この承認には、特別の国民投票又は国会の定める選挙の際行われる投票において、その ② の賛成を必要とする。

□□ **95** 憲法改正について前項の承認を経たときは、□□ は、国民の名で、この憲法と一体を成すものとして、直ちにこれを公布する。

□□ **96** この憲法は、国の最高法規であって、その条規に反する法律、命令、□□ 及び国務に関するその他の行為の全部又は一部は、その効力を有しない。

□□ **97** 天皇又は摂政及び国務大臣、国会議員、裁判官その他の公務員は、この憲法を□□ し擁護する義務を負う。

解答 憲法改正等

94	①	総議員の3分の2	
	②	過半数	→96条1項
95	天皇		→96条2項
96	詔勅		→98条1項
97	尊重		→99条

ポイント✐

- 憲法の安定と社会的変化への対応を考慮して、憲法改正の手続が定められており、特別に厳格な手続を踏まないと改正できない憲法を硬性憲法といいます。
- 国会による発議とは、憲法改正案が国会において議決されることをいいます。
- 憲法改正手続を定めた国民投票法（日本国憲法の改正手続に関する法律）によれば、賛成の投票の数が投票総数の2分の1を超えた場合、憲法改正について国民の承認があったものとされます。

● 伊藤塾からのアドバイス① ●

いつでも、どこでも！

　行政書士試験の学習は、いつでも、どこででもできます。例えば、通勤中の電車の中、仕事の休憩中、お風呂の中などなど。

　合格者は、学習にあてることのできる時間、場所をフルに使って学習しています。

　例えば、仕事が忙しくて、朝早くから出社なのに帰宅は日が変わってからという受験生がいました。家ではもちろん勉強する時間などありません。もちろん、仕事中もできません。

　では、いつしていたのか。講義の時間、そして、通勤と退勤の電車の中の時間で勉強していたそうです。そして、見事に行政書士試験に合格されました。

　学習にあてることのできる時間は人それぞれ。学習時間がどれだけあるかよりも、その学習できる時間をいかに有効に使うか、これが重要なのです。

　本書は、携帯に便利なサイズとなっています。ぜひいつでも持ち歩いて、あなたの学習の友にしてください。

第 2 章

行政法①
行政手続法

- 総 則
- 申請に対する処分
- 不利益処分
- 行政指導
- 届 出
- 処分等の求め／意見公募手続

① 総 則

□□ **1** この法律は、処分、行政指導及び届出に関する手続並びに命令等を定める手続に関し、共通する事項を定めることによって、　①　における公正の確保と　②　（行政上の意思決定について、その内容及び過程が国民にとって明らかであることをいう。）の向上を図り、もって国民の権利利益の保護に資することを目的とする。

□□ **2** 処分、　　　　及び届出に関する手続並びに命令等を定める手続に関しこの法律に規定する事項について、他の法律に特別の定めがある場合は、その定めるところによる。

解答　総　則

1　①　行政運営
　②　透明性　　　　　　　→1条1項

2　行政指導　　　　　　　　→1条2項

ポイント

　法定手続の保障を明文化した日本国憲法の下では、内容のみならず、手続的適正まで保障することが要求されます。もっとも、行政活動は多種多様な分野にわたりますから、それらを共通規定で規律することは困難です。

　そこで、行政手続についての一般法として制定されたのが行政手続法です。

2 申請に対する処分①

RANK ★★★

□□ **3** 行政庁は、行政上特別の支障があるときを除き、法令により申請の提出先とされている機関の事務所における備付けその他の適当な方法により審査基準を公に［　　　］。

□□ **4** 行政庁は、申請がその事務所に到達してから当該申請に対する処分をするまでに通常要すべき標準的な期間を定めるよう［ ① ］とともに、これを定めたときは、これらの当該申請の提出先とされている機関の事務所における備付けその他の適当な方法により公に［ ② ］。

 □□ **5** 行政庁は、申請がその事務所に到達したときは遅滞なく当該申請の審査を開始しなければならず、かつ、申請書の記載事項に不備がないこと、申請書に必要な書類が添付されていること、申請をすることができる期間内にされたものであることその他の法令に定められた申請の形式上の要件に適合しない申請については、速やかに、申請者に対し相当の期間を定めて当該申請の［ ① ］を求め、又は当該申請により求められた許認可等を［ ② ］しなければならない。

解答　申請に対する処分①

3　しておかなければならない　→5条3項

4　①　努める
　　②　しておかなければならない　→6条

5　①　補正
　　②　拒否　　　　　　　　　→7条

ポイント！

　申請とは、法令に基づき、行政庁の許可、認可、免許その他の自己に対し何らかの利益を付与する処分を求める行為であって、その行為に対して行政庁が諾否の応答をすべきこととされているものをいいます。
　申請に対する処分の手続は、
　　申請→申請の審査→処分の決定
という過程をたどります。
　この過程をできる限り公正かつ透明にすることにより、申請者の権利利益の保護を図ることが必要となります。

③ 申請に対する処分②

RANK ★★★

重要 ☐☐ **6** 行政庁は、申請により求められた許認可等を拒否する処分をする場合は、申請者に対し、同時に、当該処分の ① を示さなければならない。

ただし、法令に定められた許認可等の要件又は公にされた審査基準が数量的指標その他の客観的指標により明確に定められている場合であって、当該申請がこれらに適合しないことが申請書の記載又は添付書類その他の申請の内容から明らかであるときは、 ② ときにこれを示せば足りる。

☐☐ **7** 行政庁は、申請をしようとする者又は申請者の求めに応じ、申請書の記載及び添付書類に関する事項その他の申請に必要な [　　　] に努めなければならない。

注意 ☐☐ **8** 行政庁は、申請に対する処分であって、申請者以外の者の利害を考慮すべきことが当該法令において許認可等の要件とされているものを行う場合には、必要に応じ、 ① の開催その他の適当な方法により当該申請者以外の者の ② を設けるよう努めなければならない。

解答　申請に対する処分②

6　①　理由
　　②　申請者の求めがあった　→8条1項
7　情報の提供　　　　　　　　→9条2項
8　①　公聴会
　　②　意見を聴く機会　　→10条

ポイント ✓

　行政庁は、申請者の求めに応じ、当該申請に係る審査の進行状況及び当該申請に対する処分の時期の見通しを示すよう努めなければならない（9条1項）。

　これは、受理はされたが、いつまでたっても審査がなされないといった、不都合を解消しようと定められたものです。

4 不利益処分①

RANK ★★ ★★

□□ 9 　行政庁は、処分基準を定め、かつ、これを公にして
おくよう 　　　　。

□□ 10 　行政庁は、不利益処分をする場合には、その
　①　に対し、同時に、当該不利益処分の理由を示
さなければならない。ただし、当該理由を示さないで
処分をすべき　②　がある場合は、この限りでない。

注意 □□ 11 　行政庁は、聴聞を行うに当たっては、聴聞を行うべ
き期日までに相当な期間をおいて、不利益処分の名あ
て人となるべき者に対し、次に掲げる事項を書面によ
り通知しなければならない。
　一　予定される不利益処分の内容及び　①
　二　不利益処分の　②
　三　聴聞の期日及び　③
　四　聴聞に関する事務を所掌する組織の名称及び
　　　④

□□ 12 　　　　　は、各自、当事者のために、聴聞に関する
一切の行為をすることができる。

解答 不利益処分①

9 **努めなければならない** →12条1項

10 ① **名あて人**
   ② **差し迫った必要** →14条1項

11 ① **根拠となる法令の条項**
   ② **原因となる事実**
   ③ **場所**
   ④ **所在地** →15条1項

12 **代理人** →16条2項

ポイント！

不利益処分とは、行政庁が、法令に基づき、特定の者を名あて人として、直接に、これに義務を課し、またはその権利を制限する処分をいいます。

なお、行政手続法では、許認可等の申請拒否処分は、「申請に対する処分」であり、「不利益処分」ではありません（2条4号ロ）。許認可がもらえないので不利益処分にあたるようにもみえますが、「不利益処分」の定義からは除かれています。

5 不利益処分②

RANK ★★★

□□ **13** 聴聞の主宰者は、必要があると認めるときは、当事者以外の者であって当該不利益処分の根拠となる法令に照らし当該不利益処分につき ① を有するものと認められる者に対し、当該聴聞に関する手続に参加することを求め、又は当該聴聞に関する手続に参加することを ② することができる。

□□ **14** 聴聞は、行政庁が指名する その他政令で定める者が主宰する。

重要 □□ **15** 主宰者は、最初の ① の期日の冒頭において、行政庁の職員に、予定される不利益処分の内容及び根拠となる法令の条項並びにその原因となる事実を聴聞の期日に出頭した者に対し ② させなければならない。

□□ **16** 当事者又は参加人は、聴聞の期日に ① して、意見を述べ、及び証拠書類等を提出し、並びに ② を得て行政庁の職員に対し質問を発することができる。

□□ **17** 当事者又は参加人は、聴聞の期日への ① に代えて、主宰者に対し、聴聞の期日までに ② 及び証拠書類等を提出することができる。

解答　不利益処分②

13 ① 利害関係

　　② 許可　　　　　　　→17条1項

14 職員　　　　　　　　→19条1項

15 ① 聴聞

　　② 説明　　　　　　　→20条1項

16 ① 出頭

　　② 主宰者の許可　　　→20条2項

17 ① 出頭

　　② 陳述書　　　　　　→21条1項

ポイント

　聴聞の通知を受けた者を当事者といい、当事者は代理人を選任することができます。自分よりも法律知識のある者等を代理人として利用できるのであれば、当事者の防御権行使に役立つからです。

　また、聴聞には、当事者のほかに、利害関係を持つ第三者も参加人として関与することができます。不利益処分について利害関係を持つ者も、その利益を守るために手続に関与させる要請は大きいからです。

6 不利益処分③

RANK ★★

□□ **18** 主宰者は、当事者の全部若しくは一部が正当な理由なく聴聞の期日に出頭せず、かつ、陳述書若しくは証拠書類等を提出しない場合、又は参加人の全部若しくは一部が聴聞の期日に出頭しない場合には、これらの者に対し改めて ① 、及び証拠書類等を ② を与えることなく、聴聞を ③ ができる。

□□ **19** 主宰者は、聴聞の審理の経過を記載した調書を作成し、当該調書において、不利益処分の原因たる事実に対する当事者及び参加人の を明らかにしておかなければならない。

注意 □□ **20** 主宰者は、聴聞の ① 後速やかに、不利益処分の原因となる事実に対する当事者等の主張に理由があるかどうかについての意見を記載した ② を作成し、聴聞調書とともに行政庁に提出しなければならない。

□□ **21** ① は、 ② の終結後に生じた事情にかんがみ必要があると認めるときは、主宰者に対し、**20**の規定により提出された報告書を返戻して聴聞の再開を命ずることができる。

解答　不利益処分③

18 ① 意見を述べ
　　② 提出する機会
　　③ 終結すること　　→23条1項
19 陳述の要旨　　→24条1項
20 ① 終結
　　② 報告書　　→24条3項
21 ① 行政庁
　　② 聴聞　　→25条

ポイント！

　聴聞の期日における審理は、行政庁が公開すること
を相当と認めるときを除き、**公開しません**（20条6項）。
　また、自己の主張が主宰者によって正しく理解され
公正に評価されているか等を検証する手段として、当
事者または参加者は、聴聞調書及び報告書の**閲覧請求**
をすることができます（24条4項）。

7 不利益処分④

RANK ★★

☐☐ **22** 行政庁は、不利益処分の決定をするときは、聴聞調書の内容及び報告書に記載された主宰者の意見を十分に ☐☐☐☐ してこれをしなければならない。

☐☐ **23** 行政庁又は主宰者が聴聞に関する規定に基づいてした処分又は不作為については、☐☐☐☐ をすることができない。

☐☐ **24** 弁明は、行政庁が ☐☐☐☐ ですることを認めたときを除き、弁明書を提出してするものとする。

☐☐ **25** 弁明をするときは、☐☐☐☐ 等を提出することができる。

注意 ☐☐ **26** 行政庁は、弁明書の提出期限（ ① による弁明の機会の付与を行う場合には、その日時）までに相当な期間をおいて、不利益処分の名あて人となるべき者に対し、次に掲げる事項を書面により通知しなければならない。

一 予定される不利益処分の内容及び根拠となる法令の条項

二 不利益処分の原因となる事実

三 弁明書の提出先及び ② （口頭による弁明の機会の付与を行う場合には、その旨並びに出頭すべき日時及び場所）

解答　不利益処分④

22	参酌	→26条
23	審査請求	→27条
24	口頭	→29条1項
25	証拠書類	→29条2項
26	① 口頭	→30条本文柱書
	② 提出期限	→30条3号

ポイント❗

　聴聞の過程で行われる付随的処分については、行政不服審査法による審査請求をすることができません。聴聞の過程で行われる中間的な付随的処分に不服申立てを認めるとすると手続の遅延等のデメリットが大きいからです。付随的処分の例としては、主宰者による関係人の聴聞手続の参加の許可（17条1項）、文書等の閲覧請求に対する行政庁の許可（18条1項）などが挙げられます。

8 行政指導①

RANK ★★

□□ **27** 行政指導にあっては、行政指導に携わる者は、いやしくも当該行政機関の任務又は所掌事務の範囲を逸脱してはならないこと及び行政指導の内容があくまでも相手方の ① によってのみ実現されるものであることに ② しなければならない。

□□ **28** 行政指導に携わる者は、その相手方が行政指導に従わなかったことを理由として、 な取扱いをしてはならない。

注意 □□ **29** 申請の取下げ又は ① を求める行政指導にあっては、行政指導に携わる者は、申請者が当該行政指導に従う ② を表明したにもかかわらず当該行政指導を継続すること等により当該申請者の権利の行使を妨げるようなことをしてはならない。

□□ **30** ① をする権限又は許認可等に基づく処分をする権限を有する行政機関が、当該権限を行使することができない場合又は ② 場合においてする行政指導にあっては、行政指導に携わる者は、当該権限を行使し得る旨を殊更に示すことにより相手方に当該行政指導に従うことを ③ ようなことをしてはならない。

解答　行政指導①

27　①　任意の協力

　　②　留意　　　　　　　　→32条1項

28　不利益　　　　　　　　　→32条2項

29　①　内容の変更

　　②　意思がない旨　　　　→33条

30　①　許認可等

　　②　行使する意思がない

　　③　余儀なくさせる　　　→34条

ポイント

　行政指導とは、行政機関がその任務または所掌事務の範囲内において一定の行政目的を実現するため特定の者に一定の作為または不作為を求める指導、勧告、助言その他の行為であって処分に該当しないものをいいます。これは、国民の任意の協力を求めて行う非権力的な行為であり、法律効果が生じない事実行為です。

　しかし、行政指導に従わない場合に、行政側から不利益を加えられるのではないかという不安があるため、国民が行政指導に従わざるを得ない場面が多くありましたので、行政指導に関するルールを定めています。

9 行政指導②／届出

行政指導②

注意 □□ **31** 行政指導に携わる者は、その相手方に対して、当該行政指導の ① 及び内容並びに ② を明確に示さなければならない。

□□ **32** ① の是正を求める行政指導（その根拠となる規定が法律に置かれているものに限る。）の相手方は、当該行政指導が当該法律に規定する要件に適合しないと思料するときは、当該行政指導をした行政機関に対し、その旨を申し出て、当該行政指導の ② その他必要な措置をとることを求めることができる。

届出

□□ **33** 届出が届出書の記載事項に不備がないこと、届出書に必要な書類が添付されていることその他の法令に定められた届出の ① に適合している場合は、当該届出が法令により当該届出の提出先とされている機関の事務所に ② したときに、当該届出をすべき手続上の義務が履行されたものとする。

解答 行政指導②／届出

行政指導②

31　①　趣旨
　　②　責任者　　　　　　　　→35条1項
32　①　法令に違反する行為
　　②　中止　　　　　　　　　→36条の2第1項本文

届出

33　①　形式上の要件
　　②　到達　　　　　　　　　→37条

ポイント

　35条1項は、行政指導自体を文書で行うことまでは要求しておらず、口頭による行政指導も認めています。

　しかし、口頭で行政指導を行う場合でも、行政指導の趣旨・内容・責任者を明確に示さなければなりません。

　そして、行政指導が口頭でされた場合、その相手方から要求があった場合、原則として、行政指導の趣旨・内容・責任者を書面にして交付しなければなりません（35条3項）。

10 処分等の求め／意見公募手続①

RANK ★★

処分等の求め

□□ **34** 何人も、　①　がある場合において、その　②　のためにされるべき処分又は行政指導（その根拠となる規定が法律に置かれているものに限る。）がされていないと思料するときは、当該処分をする権限を有する**行政庁**又は当該行政指導をする権限を有する**行政機関**に対し、その旨を申し出て、当該処分又は行政指導をすることを**求めることができる**。

意見公募手続①

□□ **35** 命令等を定める機関（閣議の決定により命令等が定められる場合にあっては、当該命令等の立案をする　　　　。以下「命令等制定機関」という。）は、命令等を定めるに当たっては、当該命令等がこれを定める根拠となる**法令の趣旨に適合する**ものとなるようにしなければならない。

 □□ **36** 命令等制定機関は、命令等を定めようとする場合には、当該命令等の案及びこれに関連する資料をあらかじめ公示し、意見の提出先及び意見の提出のための期間（以下「意見提出期間」という。）を定めて広く　　　　の意見を**求めなければならない**。

解答 処分等の求め／意見公募手続①

処分等の求め

34 ① 法令に違反する事実

　② 是正　　　　　　　　　　→36条の3第1項

意見公募手続①

35 各大臣　　　　　　　　　　→38条1項

36 一般　　　　　　　　　　　→39条1項

ポイント！

　意見公募手続の対象となるのは、**命令等**です。

　この**命令等**とは、内閣または行政機関が定める①法律に基づく命令（政令や省令）または規則（地方公共団体の長や委員会の制定するもの）、②審査基準、③処分基準、④行政指導指針をいいます。

11 意見公募手続②

RANK
★★

☐☐ **37** 命令等制定機関は、意見公募手続を実施して命令等を定めた場合には、当該命令等の公布（公布しないものにあっては、公にする行為。）と同時期に、次に掲げる事項を公示しなければならない。

一　命令等の題名

二　命令等の案の　①

三　提出意見（提出意見がなかった場合にあっては、 ② ）

四　提出意見を考慮した結果（意見公募手続を実施した命令等の案と定めた命令等との差異を含む。）及び ③

注意 ☐☐ **38** 命令等制定機関は、意見公募手続を実施したにもかかわらず ① 場合には、その旨（別の命令等の案について改めて意見公募手続を実施しようとする場合にあっては、その旨を含む。）並びに ② 及び ③ を速やかに公示しなければならない。

☐☐ **39** 命令等制定機関は、第39条第4項各号のいずれかに該当することにより意見公募手続を実施しないで命令等を定めた場合には、当該命令等の公布と同時期に、次に掲げる事項を公示しなければならない。

一　命令等の ①

二　意見公募手続を実施しなかった旨及び ②

意見公募手続②

37　① 公示の日
　　② その旨
　　③ その理由　　　　　　　→43条1項
38　① 命令等を定めないこととした
　　② 命令等の題名
　　③ 命令等の案の公示の日　→43条4項
39　① 題名及び趣旨
　　② その理由　　　　　　　→43条5項

ポイント

　提出意見が多数にのぼる場合、すべてを公示することは、わずらわしい場合もあります。

　そこで、命令等制定機関は、必要に応じて、提出意見に代えて、その提出意見を整理または要約したものを公示することができるようにしました。

　また、意見公募手続を実施したにもかかわらず命令等を定めないこととした場合もあり得るので、その場合に何を公示するかを定めています。

　なお、意見公募手続における公示に関して必要な事項は、総務大臣が定めています（45条2項）。

伊藤塾からのアドバイス②

何度も何度も繰り返す！

合格者のテキストや問題集をご覧になったことはありますか？

きれいだと思いますか？　それとも汚れていると思いますか？

答えは、お察しのとおり、けっこう汚れているんです。

汚れているといっては語弊がありますが、テキストや問題集をかなり使い込んでいます。重要なところにマークしていたり、書き込みが多くあったり、何度も繰り返して使ったということが一目瞭然です。

繰り返しの学習は、合格への鉄則です。繰り返すことで、知識の精度がどんどん高まっていきます。そして、最終的には常識になってしまうのです。知識が常識化したら、もう合格です。

今、お手持ちのこの本はきれいですか？　それとも汚れていますか？

この本の状態がどうなっているか、それがあなたの知識の精度がどれだけ高まったか、知識が常識化しているかを判断する基準になります。

特に直前期に繰り返して勉強してください。何回繰り返したかがわかるように、日付をチェックできる欄があります。ぜひ使ってください。

第 3 章

行政法②
行政不服審査法

1 総 則 ①

RANK ★★

□□ 1 　行政不服審査法は、行政庁の ① 又は ② その他 ③ に当たる行為に関し、国民が ④ かつ ⑤ の下で広く行政庁に対する不服申立てをすることができるための制度を定めることにより、**国民の権利利益の救済を図る**とともに、**行政の適正な運営を確保する**ことを目的とする。

□□ 2 　行政庁の処分に不服がある者は、行政不服審査法の定めるところにより、 ▭ をすることができる。

注意 □□ 3 　**法令に基づき行政庁に対して処分についての申請をした者**は、当該申請から ① が経過したにもかかわらず、**行政庁の不作為**（法令に基づく申請に対して ② をいう。）がある場合には、行政不服審査法の定めるところにより、当該不作為についての ③ をすることができる。

1 ① 違法

  ② 不当な処分

  ③ 公権力の行使

  ④ 簡易迅速

  ⑤ 公正な手続　　　　　→1条1項

2 審査請求　　　　　　　→2条

3 ① 相当の期間

  ② 何らの処分をもしないこと

  ③ 審査請求　　　　　　→3条

ポイント！

　なぜ、行政機関に不服を申し立てる方法まで用意されたのでしょうか。それは、裁判によらず行政機関に不服を申し立てる方法で国民の不満が解決できれば、裁判費用がかからず、解決が早いので、その分国民にとって都合がよいからです。

2 総則 ②

注意 □□ **4** 審査請求は、法律（条例に基づく処分については、条例）に特別の定めがある場合を除くほか、次の各号に掲げる場合の区分に応じ、当該各号に定める行政庁に対してするものとする。

一 処分庁等（処分をした行政庁（以下「処分庁」という。）又は不作為に係る行政庁（以下「不作為庁」という。）をいう。以下同じ。）に上級行政庁がない場合又は処分庁等が主任の大臣若しくは宮内庁長官若しくは内閣府設置法49条１項若しくは２項若しくは国家行政組織法３条２項に規定する庁の長である場合 ①

二 宮内庁長官又は内閣府設置法49条１項若しくは２項若しくは国家行政組織法３条２項に規定する庁の長が処分庁等の上級行政庁である場合 ② 又は ③

三 主任の大臣が処分庁等の上級行政庁である場合（前２号に掲げる場合を除く。） ④

四 前３号に掲げる場合以外の場合 当該処分庁等の ⑤

□□ **5** 行政庁の処分につき ① に対して ② をすることができる場合において、法律に ③ をすることができる旨の定めがあるときは、当該処分に不服がある者は、 ④ に対して ③ をすることができる。

解答 総則 ②

4 ① 当該処分庁等
　② 宮内庁長官
　③ 当該庁の長
　④ 当該主任の大臣
　⑤ 最上級行政庁　　　→4条
5 ① 処分庁以外の行政庁
　② 審査請求
　③ 再調査の請求
　④ 処分庁　　　　　　→5条1項本文

ポイント

　審査請求がされた行政庁を審査庁といいます。原則として、処分庁等に上級行政庁がない場合は当該処分庁等が、上級行政庁がある場合は最上級行政庁が審査庁とされます。

3　総則 ③

□□　**6**　再調査の請求をしたときは、当該再調査の請求については決定を経た後でなければ、　①　をすることができない。ただし、次の各号のいずれかに該当する場合は、この限りでない。

　　一　当該処分につき再調査の請求をした日（不備を補正すべきことを命じられた場合にあっては、当該不備を補正した日）の翌日から起算して　②　を経過しても、処分庁が当該再調査の請求につき決定をしない場合

　　二　その他再調査の請求についての決定を経ないことにつき　③　がある場合

□□　**7**　行政庁の処分につき法律に　　　　をすることができる旨の定めがある場合には、当該処分についての審査請求の裁決に不服がある者は、　　　　をすることができる。

□□　**8**　再審査請求は、　①　（再審査請求をすることができる処分についての審査請求の裁決をいう。以下同じ。）又は当該処分（以下「　①　等」という。）を対象として、**7**の　②　に対してするものとする。

6 ① 審査請求
   ② 3月
   ③ 正当な理由　　→5条2項
7 再審査請求　　　　→6条1項
8 ① 原裁決
   ② 法律に定める行政庁　→6条2項

ポイント!

　行政不服審査法は、行政不服申立ての類型を原則として「審査請求」に一元化しています。

　処分又は不作為に不服がある場合には、行政事件訴訟を提起することもできます。そして、不服がある者は、審査請求をするか、行政事件訴訟を提起するかを自由に選択することができるのが原則です。

　また、個別法により、「再調査の請求」と「再審査請求」という類型を設けることができます。

4 審査庁及び審理関係人①

□□ **9** 　　　　でない社団又は財団で代表者又は管理人の定めがあるものは、その名で審査請求をすることができる。

□□ **10** 多数人が共同して審査請求をしようとするときは、3人を超えない　　　　を互選することができる。

重要 □□ **11** **総代**は、各自、他の共同審査請求人のために、　　　　を除き、当該審査請求に関する**一切の行為**をすることができる。

重要 □□ **12** **代理人**は、各自、審査請求人のために、当該審査請求に関する**一切の行為**をすることができる。ただし、審査請求の取下げは、　　　　場合に限り、することができる。

審査庁及び審理関係人①

法人   →10条
総代   →11条1項
審査請求の取下げ   →11条3項
特別の委任を受けた →12条2項

ポイント

　多数人が共同して審査請求をしようとするときは、総代によって手続を行うことができます。

　総代は、各自、他の共同審査請求人のために、審査請求の取下げを除き、当該審査請求に関する一切の行為をすることができます。審査請求の取下げは、手続を終結させる重大な行為であり、それぞれの審査請求人が自らの判断によりすることが適当であることから、総代がすることはできないとされています。

章　行政法②──行政不服審査法

9

5 審査庁及び審理関係人②

RANK ★★

注意 □□ **13** ① （審査請求人以外の者であって審査請求に係る処分又は不作為に係る処分の根拠となる法令に照らし当該処分につき利害関係を有するものと認められる者をいう。）は、 ② の許可を得て、当該審査請求に参加することができる。

□□ **14** ① は、必要があると認める場合には、 ② に対し、当該審査請求に参加することを求めることができる。

□□ **15** 審査請求人が死亡したときは、相続人その他法令により審査請求の目的である処分に係る権利を[　　]した者は、審査請求人の地位を[　　]する。

□□ **16** 審査庁となるべき行政庁は、審査請求がその事務所に到達してから当該審査請求に対する裁決をするまでに通常要すべき標準的な期間を ① とともに、これを定めたときは、当該審査庁となるべき行政庁及び関係処分庁（当該審査請求の対象となるべき処分の権限を有する行政庁であって当該審査庁となるべき行政庁以外のものをいう。）の事務所における備付けその他の適当な方法により ② 。

解答　審査庁及び審理関係人②

13 ① 利害関係人
   ② 審理員　　　　　　　→13条1項
14 ① 審理員
   ② 利害関係人　　　　　→13条2項
15 承継　　　　　　　　　→15条1項
16 ① 定めるよう努める
   ② 公にしておかなければならない　→16条

ポイント🖋

　審理員とは、審査庁に所属する職員のうちから、審査庁によって審理手続を行う者として指名された者をいいます。

　利害関係人は、審理員の許可を得て、当該審査請求に参加することができます。

　また、審理員は、利害関係人に対し、当該審査請求に参加することを求めることができます。こうして手続に参加する利害関係人を参加人といいます。

6 審査請求の手続①

RANK ★★

注意 □□ **17** 処分についての審査請求は、 ① から起算して ② （当該処分について再調査の請求をしたときは、当該再調査の請求についての決定があったことを知った日の翌日から起算して ③ ）を経過したときは、することができない。ただし、 ④ があるときは、この限りでない。

注意 □□ **18** 処分についての審査請求は、処分（当該処分について再調査の請求をしたときは、当該再調査の請求についての決定）があった日の翌日から起算して ① を経過したときは、することができない。ただし、 ② があるときは、この限りでない。

重要 □□ **19** 審査請求は、他の法律（条例に基づく処分については、条例）に ① ですることができる旨の定めがある場合を除き、政令で定めるところにより、 ② を提出してしなければならない。

□□ **20** 処分についての審査請求書には、次に掲げる事項を記載しなければならない。
一 審査請求人の氏名又は名称及び住所又は ①
二 審査請求に係る ②
三 審査請求に係る処分（当該処分について再調査の請求についての決定を経たときは、当該決定）が ③ 年月日
四 審査請求の趣旨及び理由
五 処分庁の ④ の有無及びその内容
六 審査請求の ⑤

審査請求の手続①

17 ① 処分があったことを知った日の翌日
   ② 3月
   ③ 1月
   ④ 正当な理由　　　　　→18条1項
18 ① 1年
   ② 正当な理由　　　　　→18条2項
19 ① 口頭
   ② 審査請求書　　　　　→19条1項
20 ① 居所
   ② 処分の内容
   ③ あったことを知った
   ④ 教示
   ⑤ 年月日　　　　　　　→19条2項

ポイント！

「処分があったことを知った日」とは、処分のあった ことを実際に知った日をいいます。

そして、社会通念上、処分の内容を処分の相手方が 知ることができる状態に置かれたときは、特別の理由 がない限り知ったものと推定されます（判例）。

7 審査請求の手続②

❶ ／ ❷ ／

RANK ★★★

□□ **21** 審査請求をすべき行政庁が［　　　］と異なる場合における審査請求は、［　　　］を経由してすることができる。

□□ **22** 審査請求をすることができる処分につき、処分庁が誤って審査請求をすべき行政庁でない行政庁を審査請求をすべき行政庁として［　①　］した場合において、その［　①　］された行政庁に書面で審査請求がされたときは、当該行政庁は、速やかに、［　②　］を処分庁又は審査庁となるべき行政庁に送付し、かつ、その旨を［　③　］に通知しなければならない。

□□ **23** 処分庁に審査請求書が送付されたときは、処分庁は、速やかに、これを［　①　］に送付し、かつ、その旨を［　②　］に通知しなければならない。

重要 □□ **24** 審査請求書の方式や記載事項に不備がある場合には、審査庁は、［　①　］を定め、その期間内に［　②　］すべきことを命じなければならない。

□□ **25** 審査請求が不適法であって補正することができないことが明らかなときも、審査庁は、審理手続を経ないで、［　①　］で、当該審査請求を［　②　］することができる。

重要 □□ **26** 審査請求は、処分の［　①　］、処分の執行又は手続の［　②　］を妨げない。

審査請求の手続②

21 処分庁等 →21条1項

22 ① 教示

② 審査請求書

③ 審査請求人 →22条1項

23 ① 審査庁となるべき行政庁

② 審査請求人 →22条2項

24 ① 相当の期間

② 不備を補正 →23条

25 ① 裁決

② 却下 →24条2項

26 ① 効力

② 続行 →25条1項

ポイント

審査請求書に不備がある場合、審査庁は、相当の期間を定め、その期間内に不備を補正すべきことを命じなければなりません。

行政手続法では、形式上の要件に適合しない申請については、補正を求めても拒否処分をしてもよいとされている（行政手続法7条）ことと比較してみてください。

8 審査請求の手続③

□□ **27** 処分庁の上級行政庁又は処分庁である審査庁は、［ ① ］場合には、［ ② ］により又は職権で、処分の効力、処分の執行又は手続の続行の全部又は一部の停止［ ③ ］（以下「［ ④ ］」という。）をとることができる。

注意 □□ **28** 処分庁の上級行政庁又は処分庁のいずれでもない審査庁は、［ ① ］場合には、審査請求人の申立てにより、［ ② ］を聴取した上、執行停止をすることができる。ただし、処分の効力、処分の執行又は手続の続行の全部又は一部の停止［ ③ ］はできない。

重要 □□ **29** 審査請求人の申立てがあった場合において、処分、処分の執行又は手続の続行により生ずる［ ① ］緊急の必要があると認めるときは、審査庁は、［ ② ］。ただし、［ ③ ］があるとき、又は［ ④ ］とみえるときは、この限りでない。

□□ **30** 審査請求人は、［　　　　］は、いつでも審査請求を取り下げることができる。

□□ **31** 審査請求の取下げは、［　　　　］でしなければならない。

27 ① 必要があると認める
   ② 審査請求人の申立て
   ③ その他の措置
   ④ 執行停止　　　　　　　→25条2項
28 ① 必要があると認める
   ② 処分庁の意見
   ③ 以外の措置をとること　→25条3項
29 ① 重大な損害を避けるために
   ② 執行停止をしなければならない
   ③ 公共の福祉に重大な影響を及ぼすおそれ
   ④ 本案について理由がない　→25条4項
30 裁決があるまで　　　　　→27条1項
31 書面　　　　　　　　　　→27条2項

ポイント！

　不服申立てがなされても行政活動は停止しません。不服申立ての濫用によって、行政活動が停滞するのを回避する趣旨です。

　もっとも、不服申立人の権利や地位を保全して、その救済を図る観点から、一定の要件を満たした場合には、執行停止をすることが認められています。

❾ 審理手続①

❶ ／ ❷ ／

RANK ★★

注意 □□ **32** 審理員は、相当の期間を定めて、処分庁等に対し、 ［　　　］を求めるものとする。

注意 □□ **33** 審査請求人は、送付された弁明書に記載された事項 に対する反論を記載した書面（以下「　①　」とい う。）を提出することができる。この場合において、 ［　②　］が、　①　を提出すべき相当の期間を定めた ときは、その期間内にこれを提出しなければならない。

□□ **34** 参加人は、審査請求に係る事件に関する意見を記載 した書面（以下「　①　」という。）を提出すること ができる。この場合において、［　②　］が、［　①　］を 提出すべき相当の期間を定めたときは、その期間内に これを提出しなければならない。

□□ **35** 口頭意見陳述において、申立人は、［　　　］を得て、 補佐人とともに出頭することができる。

□□ **36** 審査請求人又は参加人は、証拠書類又は［　　　］を 提出することができる。

□□ **37** 審理員は、審査請求人若しくは参加人の　①　で、 書類その他の物件の所持人に対し、　②　を定めて、 その物件の提出を求めることができる。この場合にお いて、審理員は、その　③　を留め置くことができる。

32	弁明書の提出	→29条2項
33	①	反論書	
	②	審理員	→30条1項
34	①	意見書	
	②	審理員	→30条2項
35	審理員の許可	→31条3項
36	証拠物	→32条1項
37	①	申立てにより又は職権	
	②	相当の期間	
	③	提出された物件	→33条

ポイント！

　審理手続は、原則として書面により審理されます。

　すなわち、審理員は、処分庁等に弁明書の提出を求め、弁明書の提出があったときは、これを審査請求人と参加人に送付します。これを受けて、審査請求人は、反論書を提出することができます。また、参加人は、意見書を提出することができます。

10 審理手続②

□□ **38** 審理員は、審査請求人若しくは参加人の ① で、適当と認める者に、参考人としてその知っている事実の陳述を求め、又は ② を求めることができる。

□□ **39** 審理員は、審査請求人若しくは参加人の ① で、必要な場所につき、 ② をすることができる。

□□ **40** 審理員は、審査請求人若しくは参加人の ① で、審査請求に係る事件に関し、審理関係人に ② することができる。

□□ **41** 審査請求人又は参加人は、審理手続が終結するまでの間、審理員に対し、提出書類等の ① （電磁的記録にあっては、記録された事項を審査庁が定める方法により表示したものの ① ）又は当該書面若しくは当該書類の写し若しくは当該電磁的記録に記録された事項を記載した書面の ② を求めることができる。

重要 □□ **42** 審理員は、審理手続を終結したときは、 ① 、審査庁がすべき裁決に関する意見書（「 ② 」という。）を作成しなければならない。

□□ **43** 審理員は、 ① を作成したときは、 ② 、これを事件記録とともに、 ③ に提出しなければならない。

38 ① 申立てにより又は職権
　　② 鑑定　　　　　　　　　→34条

39 ① 申立てにより又は職権
　　② 検証　　　　　　　　　→35条１項

40 ① 申立てにより又は職権
　　② 質問　　　　　　　　　→36条

41 ① 閲覧
　　② 交付　　　　　　　　　→38条１項

42 ① 遅滞なく
　　② 審理員意見書　　　　　→42条１項

43 ① 審理員意見書
　　② 速やかに
　　③ 審査庁　　　　　　　　→42条２項

第3章　行政法②——行政不服審査法

ポイント✓

　審理員は、必要な審理を終えたと認めるときは、審理手続を終結し、審理員意見書を作成して、これを審査庁に提出します。そして、審査庁は、審理員意見書の提出を受けたときは、原則として**行政不服審査会等**へ諮問しなければなりません。

11 行政不服審査会等への諮問／裁決①

RANK
★
★★

行政不服審査会等への諮問

☐☐ **44** 審査庁は、審理員意見書の提出を受けたときは、原則として、 ① に ② しなければならない。

裁決①

注意 ☐☐ **45** 処分についての審査請求が法定の期間経過後にされたものである場合その他不適法である場合には、審査庁は、裁決で、当該審査請求を ____ する。

注意 ☐☐ **46** 処分についての審査請求が理由がない場合には、審査庁は、裁決で、当該審査請求を ____ する。

重要 ☐☐ **47** 審査請求に係る処分が違法又は不当ではあるが、これを取り消し、又は撤廃することにより ① 場合において、審査請求人の受ける損害の程度、その損害の賠償又は防止の程度及び方法その他一切の事情を考慮した上、処分を取り消し、又は撤廃することが公共の福祉に適合しないと認めるときは、審査庁は、裁決で、当該審査請求を ② することができる。この場合には、審査庁は、 ③ で、当該処分が ④ しなければならない。

解答 行政不服審査会等への諮問／裁決①

行政不服審査会等への諮問

44 ① 行政不服審査会等

② 諮問　　　　　　　　→43条1項柱書

裁決①

45 却下　　　　　　　　→45条1項

46 棄却　　　　　　　　→45条2項

47 ① 公の利益に著しい障害を生ずる

② 棄却

③ 裁決の主文

④ 違法又は不当であることを宣言　→45条3項

ポイント！

　請求に理由があれば、それを認容し、処分を取り消すのが原則です。

　しかし、処分を取り消すことにより公の利益に著しい障害を生ずる場合には、一定の要件の下に、審査庁または処分庁は請求を棄却することができます。これを事情裁決といいます。

12 裁 決 ②

RANK
★
★★

重要 □□ **48** 処分（ ① を除く。）についての審査請求が理由
がある場合には、審査庁は、裁決で、当該処分の全部
若しくは一部を ② 、又はこれを ③ 。ただし、
審査庁が処分庁の上級行政庁又は処分庁のいずれでも
ない場合には、当該処分を ③ ことはできない。

重要 □□ **49** 法令に基づく申請を却下し、又は棄却する処分の全
部又は一部を取り消す場合において、次の各号に掲げ
る審査庁は、当該申請に対して一定の処分をすべきも
のと認めるときは、当該各号に定める措置をとる。
一 処分庁の上級行政庁である審査庁　当該処分庁に
対し、 ① こと。
二 処分庁である審査庁　 ② こと。

重要 □□ **50** 事実上の行為についての審査請求が理由がある場合
には、審査庁は、裁決で、当該事実上の行為が違法又
は不当である旨を宣言するとともに、次の各号に掲げ
る審査庁の区分に応じ、当該各号に定める措置をとる。
ただし、審査庁が処分庁の上級行政庁以外の審査庁で
ある場合には、当該事実上の行為を変更すべき旨を命
ずることはできない。
一 処分庁以外の審査庁　当該処分庁に対し、当該事
実上の行為の全部若しくは一部を ① し、又は
これを ② すべき旨を命ずること。
二 処分庁である審査庁　当該事実上の行為の全部若
しくは一部を ① し、又はこれを ② すること。

裁 決 ②

48 ① 事実上の行為
   ② 取り消し
   ③ 変更する　　　　　→46条1項
49 ① 当該処分をすべき旨を命ずる
   ② 当該処分をする　　→46条2項
50 ① 撤廃
   ② 変更　　　　　　　→47条

ポイント

　裁決は、審査請求人に送達することによって、その効力を生じます。

　この送達をする際、審査庁は、裁決書の謄本（原本の内容をそのまま全部謄写した書面）を参加人及び処分庁に送付しなければなりません（51条）。

　行政不服審査法は、裁決の効力として、拘束力に関する規定しか置いていませんが、裁決も行政行為の一種ですから、当然無効と認められる場合を除いて、公定力、自力執行力、不可争力、不可変更力をも有します。

13 裁決③／再調査の請求

裁決③

重要 □□ **51** 不作為についての審査請求が理由がある場合には、審査庁は、裁決で、 ① する。この場合において、次の各号に掲げる審査庁は、当該申請に対して一定の処分をすべきものと認めるときは、当該各号に定める措置をとる。

一 不作為庁の上級行政庁である審査庁 当該不作為庁に対し、 ② こと。

二 不作為庁である審査庁 ③ こと。

□□ **52** 裁決は、 を拘束する。

再調査の請求

□□ **53** 再調査の請求は、処分が ① から起算して ② を経過したときは、することができない。ただし、 ③ があるときは、この限りでない。

□□ **54** 再調査の請求をすることができる処分につき、処分庁が誤って再調査の請求をすることができる旨を ① 場合において、審査請求がされた場合であって、審査請求人から ② があったときは、審査庁は、 ③ 、審査請求書又は審査請求録取書を処分庁に送付しなければならない。ただし、審査請求人に対し弁明書が送付された後においては、この限りでない。

解答 裁決③／再調査の請求

裁決③

51 ① 当該不作為が違法又は不当である旨を宣言

② 当該処分をすべき旨を命ずる

③ 当該処分をする　　→49条3項

52 関係行政庁　　　　→52条1項

再調査の請求

53 ① あったことを知った日の翌日

② 3月

③ 正当な理由　　　→54条1項

54 ① 教示しなかった

② 申立て

③ 速やかに　　　　→55条1項

ポイント！

　不作為についての不服申立ては、その性質上、不服申立期間の定めはありません。

　行政不服審査法の不服申立期間については、確実に答えられるように整理しておいてください。

14 再審査請求／教示

RANK ★★

再審査請求

□□ **55** **再審査請求**は、原裁決が ① から起算して ② を経過したときは、することができない。ただし、 ③ があるときは、この限りでない。

教示

□□ **56** 行政庁は、審査請求若しくは再調査の請求又は他の法令に基づく不服申立て（以下この条において「不服申立て」と総称する。）をすることができる処分をする場合には、処分の相手方に対し、当該処分につき不服申立てをすることができる旨並びに不服申立てをすべき**行政庁**及び不服申立てをすることができる**期間**を ① しなければならない。ただし、 ② 場合は、この限りでない。

□□ **57** 不服申立書の提出があった場合において、当該処分が ① に対し審査請求をすることができる処分であるときは、処分庁は、 ② 、当該不服申立書を当該行政庁に**送付**しなければならない。当該処分が他の法令に基づき、 ① に不服申立てをすることができる処分であるときも、同様とする。

解答 再審査請求／教示

再審査請求

55 ① あったことを知った日の翌日
   ② 1月
   ③ 正当な理由　　　　　→62条1項

教示

56 ① 書面で教示
   ② 当該処分を口頭でする　→82条1項
57 ① 処分庁以外の行政庁
   ② 速やかに　　　　　　→83条3項

ポイント！

　教示制度とは、行政庁から国民に対して不服申立ての方法を教える制度をいいます。

　不服申立ての制度を用意したとしても、利用する側がその存在や仕組み、方法を知らなければ意味がありません。そこで、この制度を少しでも多くの国民に知らせ、違法・不当な行政庁の行為から国民の救済を図るべく、教示制度を設けました。

伊藤塾からのアドバイス③

条文の重要なキーワードを押さえる！

　この本は、条文のキーワードが空欄になっています。空欄を見るたびに、どんな言葉が入っていたかを考えることができます。これによって知識が定着していきます。

　しかも、空欄になっているところは、試験で問われやすいところです。

　また、空欄以外でも、重要なキーワードには色がついているので、その条文の重要なところを十分に押さえることができるようにしています。

　条文をその文言のまますべて覚えている人は、まずいません。キーワードで押さえている人がほとんどです。

　押さえる際には、どこが要件で、どこが効果かを考えながら押さえるとよいでしょう。例えば、要件には下線、効果には波線をひくようにすると覚えやすいです。

第 4 章

行政法③
行政事件訴訟法

- 総　則
- 取消訴訟
- 取消訴訟以外の抗告訴訟
- 当事者訴訟／民衆訴訟・機関訴訟
- 補　則

1 総 則 ①

RANK ★★

注意

□□ **1** 行政事件訴訟法において「行政事件訴訟」とは、抗告訴訟、　①　、民衆訴訟及び　②　をいう。

□□ **2** 行政事件訴訟法において「抗告訴訟」とは、行政庁の□□□に関する不服の訴訟をいう。

□□ **3** 行政事件訴訟法において「処分の取消しの訴え」とは、行政庁の処分その他公権力の行使に当たる行為（**4**の□□□、決定その他の行為を除く。以下単に「処分」という。）の取消しを求める訴訟をいう。

□□ **4** 行政事件訴訟法において「□□□」とは、審査請求その他の不服申立て（以下単に「審査請求」という。）に対する行政庁の裁決、決定その他の行為（以下単に「裁決」という。）の取消しを求める訴訟をいう。

□□ **5** 行政事件訴訟法において「□□□」とは、処分若しくは裁決の存否又はその効力の有無の確認を求める訴訟をいう。

総則 ①

1 ① 当事者訴訟
   ② 機関訴訟　　　　　→2条
2 公権力の行使　　　　→3条1項
3 裁決　　　　　　　　→3条2項
4 裁決の取消しの訴え　→3条3項
5 無効等確認の訴え　　→3条4項

ポイント✎

　行政事件訴訟とは、行政上の法律関係に争いがある場合における訴訟をいいます。

　行政事件訴訟法は、行政事件が民事上の争いとは違った特色を有しているため設けられた行政訴訟の一般法です。

　行政事件訴訟に関して行政事件訴訟法に定めがない事項については、民事訴訟法の規定を包括的に準用することになります。

第4章　行政法③──行政事件訴訟法

重要 □□ **6** 行政事件訴訟法において「＿＿＿＿」とは、行政庁が法令に基づく申請に対し、相当の期間内に何らかの処分又は裁決をすべきであるにかかわらず、これをしないことについての違法の確認を求める訴訟をいう。

□□ **7** 行政事件訴訟法において「＿①＿」とは、次に掲げる場合において、行政庁がその処分又は裁決をすべき旨を命ずることを求める訴訟をいう。

一 行政庁が一定の処分をすべきであるにかかわらずこれがされないとき（2号に掲げる場合を除く。）。

二 行政庁に対し一定の処分又は裁決を求める旨の法令に基づく申請又は審査請求がされた場合において、当該行政庁がその処分又は裁決をすべきであるにかかわらずこれが ＿②＿ とき。

□□ **8** 行政事件訴訟法において「＿＿＿＿」とは、行政庁が一定の処分又は裁決をすべきでないにかかわらずこれがされようとしている場合において、行政庁がその処分又は裁決をしてはならない旨を命ずることを求める訴訟をいう。

6 不作為の違法確認の訴え　→3条5項

7 ① 義務付けの訴え

　　② されない　　　　　　→3条6項

8 差止めの訴え　　　　　→3条7項

ポイント

　行政事件訴訟法では、訴えの種類が多く規定されていますが、まず取消訴訟を中心に理解してください。現実には、訴えの多くは、取消訴訟だからです。

　特に処分性や訴えの利益などの訴訟要件を意識して学習を進めてください。訴訟要件に関する問題は、5肢択一式はもちろん、多肢選択式や記述式でも出題されています。

③ 総　則 ③

注意 □□ **9** 　行政事件訴訟法において「　　　　」とは、当事者間の法律関係を確認し又は形成する処分又は裁決に関する訴訟で法令の規定によりその法律関係の当事者の一方を被告とするもの及び公法上の法律関係に関する確認の訴えその他の公法上の法律関係に関する訴訟をいう。

□□ **10** 　行政事件訴訟法において「　　　　」とは、国又は公共団体の機関の法規に適合しない行為の是正を求める訴訟で、選挙人たる資格その他自己の法律上の利益にかかわらない資格で提起するものをいう。

□□ **11** 　行政事件訴訟法において「　　　　」とは、国又は公共団体の機関相互間における権限の存否又はその行使に関する紛争についての訴訟をいう。

□□ **12** 　行政事件訴訟に関し、行政事件訴訟法に定めがない事項については、　　　　の例による。

解答 総則 ③

9	当事者訴訟	→4条
10	民衆訴訟	→5条
11	機関訴訟	→6条
12	民事訴訟	→7条

ポイント

当事者訴訟とは、抗告訴訟と異なり、権利主体が対等な立場で権利関係を争う訴訟形態です。通常の民事訴訟と基本的な構造は異なりません。

客観訴訟とは、個人的利益の保護にかかわりなく、社会の不正を正すために提起される訴訟です。このタイプの訴訟には、民衆訴訟と機関訴訟とがあります。

民衆訴訟の例：公職選挙法に基づく当選訴訟・選挙訴訟

機関訴訟の例：地方公共団体の議会の議決に関する訴訟

4 取消訴訟①

重要 □□ **13** 処分の取消しの訴えは、当該処分につき法令の規定により ① をすることができる場合においても、直ちに提起することを妨げない。ただし、法律に当該処分についての審査請求に対する ② を経た後でなければ処分の取消しの訴えを提起することができない旨の定めがあるときは、この限りでない。

□□ **14** 13のただし書の場合においても、次の各号の一に該当するときは、裁決を経ないで、処分の取消しの訴えを提起することができる。
一　審査請求があった日から ① を経過しても裁決がないとき。
二　処分、処分の執行又は手続の続行により生ずる著しい損害を避けるため ② があるとき。
三　その他裁決を経ないことにつき ③ があるとき。

□□ **15** 13本文の場合において、当該処分につき審査請求がされているときは、裁判所は、その審査請求に対する裁決があるまで（審査請求があった日から3か月を経過しても裁決がないときは、その するまで）、訴訟手続を中止することができる。

13 ① 審査請求
　　② 裁決　　　　　　→8条1項
14 ① 3か月
　　② 緊急の必要
　　③ 正当な理由　　　→8条2項
15 期間を経過　　　　→8条3項

ポイント！

　取消訴訟の対象は、「行政庁の処分その他公権力の行使にあたる行為」です。取消訴訟を提起するとき、対象行為等に処分性がなければ、訴訟要件を満たさず、訴えが却下されます。

　この処分について、判例は、「公権力の主体たる国または公共団体がその行為によって、直接国民の権利義務を形成し、またはその範囲を確定することが法律上認められているもの」という判断をしています。

❶ ／ ❷ ／

5 取消訴訟②

重要 □□ **16** 処分の取消しの訴え及び裁決の取消しの訴えは、当該処分又は裁決の取消しを求めるにつき □□□□□ を有する者（処分又は裁決の効果が期間の経過その他の理由によりなくなった後においてもなお処分又は裁決の取消しによって回復すべき □□□□□ を有する者を含む。）に限り、提起することができる。

注意 □□ **17** 取消訴訟においては、自己の法律上の利益に関係のない □□□□□ を理由として取消しを求めることができない。

注意 □□ **18** 処分の取消しの訴えとその処分についての審査請求を棄却した裁決の取消しの訴えとを提起することができる場合には、裁決の取消しの訴えにおいては、□□□□□ を理由として取消しを求めることができない。

重要 □□ **19** 取消訴訟は、処分又は裁決があったことを知った日から □①□ を経過したときは、提起することができない。ただし、□②□ があるときは、この限りでない。

□□ **20** 取消訴訟は、処分又は裁決の日から □□□□□ を経過したときは、提起することができない。ただし、正当な理由があるときは、この限りでない。

16	法律上の利益	→9条1項
17	違法	→10条1項
18	処分の違法	→10条2項
19	① 6か月	
	② 正当な理由	→14条1項
20	1年	→14条2項

第4章 行政法③──行政事件訴訟法

ポイント！

　狭義の訴えの利益とは、処分が取り消された場合に、現実に法律上の利益の回復が得られる状態にあることをいいます。たとえ、取消判決が下されたとしても、それがもはや原告の救済にとって無意味であれば、訴えの利益は認められず、訴えは却下されます。

　処分・裁決の取消訴訟は、原則として当該処分・裁決をした行政庁や裁決をした行政庁の所属する国または公共団体を被告としています。

6 取消訴訟③

RANK
★
★★

□□ **21** 取消訴訟において、原告が故意又は ① によらないで被告とすべき者を誤ったときは、裁判所は、原告の ② により、決定をもって、被告を変更することを許すことができる。

注意 □□ **22** 取消訴訟には、関連請求に係る訴えを □□ することができる。

□□ **23** 裁判所は、訴訟の結果により権利を害される第三者があるときは、当事者若しくはその第三者の申立てにより又は職権で、決定をもって、その第三者を訴訟に □□ させることができる。

注意 □□ **24** 裁判所は、処分についての審査請求に対する ① を経た後に取消訴訟の提起があったときは、次に掲げる処分をすることができる。

一 被告である国若しくは公共団体に所属する行政庁又は被告である行政庁に対し、当該審査請求に係る ② であって当該行政庁が保有するものの全部又は一部の提出を求めること。

二 1号に規定する行政庁以外の行政庁に対し、1号に規定する事件の記録であって当該行政庁が保有するものの全部又は一部の送付を嘱託すること。

取消訴訟③

21 ① 重大な過失
   ② 申立て　　　　　　→15条1項
22 併合　　　　　　　　　→16条1項
23 参加　　　　　　　　　→22条1項
24 ① 裁決
   ② 事件の記録　　　　→23条の2第2項

ポイント！

23条の2は、釈明処分の特則について定めています。これにより裁判所は、行政庁に対し、①処分または裁決の理由を明らかにする資料の提出を求めること、②処分の取消訴訟において審査請求における事件の記録の提出を求めることができます。

この制度の趣旨は、行政訴訟の審理の充実・促進を、訴訟資料の充実という側面から支えようという点にあります。

7 取消訴訟④

□□ **25** 裁判所は、必要があると認めるときは、職権で、
　　　　をすることができる。ただし、その　　　　の
　　　結果について、当事者の意見をきかなければならない。

□□ **26** 処分の取消しの訴えの提起は、処分の効力、処分の
　　　執行又は手続の続行を　　　　。

□□ **27** 処分の取消しの訴えの提起があった場合において、
　　　処分、処分の執行又は手続の続行により生ずる
　　　　①　を避けるため　②　があるときは、裁判所は、
　　　申立てにより、決定をもって、処分の効力、処分の執
　　　行又は手続の続行の全部又は一部の停止（以下
　　　「　③　」という。）をすることができる。ただし、処
　　　分の効力の停止は、処分の執行又は手続の続行の停止
　　　によって目的を達することができる場合には、するこ
　　　とができない。

注意 □□ **28** 執行停止は、公共の福祉に　①　を及ぼすおそれ
　　　があるとき、又は本案について　②　とみえるとき
　　　は、することができない。

取消訴訟④

25	証拠調べ	→24条
26	妨げない	→25条1項
27	① 重大な損害	
	② 緊急の必要	
	③ 執行停止	→25条2項
28	① 重大な影響	
	② 理由がない	→25条4項

ポイント

　行政不服審査法と同様、行政事件訴訟法にも執行不停止の原則が適用されます。

　もっとも、原告の権利ないし地位を保全して、その救済を図る観点から、一定の要件を満たした場合には、例外的に執行停止が認められています。

8 取消訴訟⑤

RANK ★★★

□□ **29** 執行停止の決定が確定した後に、その理由が消滅し、その他 ① ときは、裁判所は、相手方の申立てにより、 ② をもって、執行停止の決定を取り消すことができる。

□□ **30** 内閣総理大臣は、 ① でなければ、異議を述べてはならず、また、異議を述べたときは、次の ② において国会にこれを報告しなければならない。

□□ **31** 行政庁の裁量処分については、 ① の範囲をこえ又はその ② があった場合に限り、裁判所は、その処分を取り消すことができる。

□□ **32** 取消訴訟については、処分又は裁決が違法ではあるが、これを取り消すことにより ① 著しい障害を生ずる場合において、原告の受ける損害の程度、その損害の賠償又は防止の程度及び方法その他 ② を考慮したうえ、処分又は裁決を取り消すことが ③ に適合しないと認めるときは、裁判所は、請求を棄却することができる。この場合には、当該判決の主文において、処分又は裁決が ④ であることを宣言しなければならない。

29 ① 事情が変更した
　　② 決定　　　　　　　→26条1項
30 ① やむをえない場合
　　② 常会　　　　　　　→27条6項
31 ① 裁量権
　　② 濫用　　　　　　　→30条
32 ① 公の利益に
　　② 一切の事情
　　③ 公共の福祉
　　④ 違法　　　　　　　→31条1項

ポイント

　行政事件訴訟法では、執行停止の申立てがあったとき、内閣総理大臣が裁判所に対し、執行停止の前後を問わず、異議を述べることができます（27条1項）。

　この異議権の行使は、司法権に関する行政権の干渉となるため、やむを得ない場合でなければすることができません。

⑨ 取消訴訟⑥

注意 □□ **33** 裁判所は、 ① ときは、 ② 前に、**判決**をもって、処分又は裁決が違法であることを宣言することができる。

□□ **34** 処分又は裁決を取り消す判決は、 ████ に対しても効力を有する。

□□ **35** 処分又は裁決を取り消す判決は、その事件について、処分又は裁決をした**行政庁**その他の ████ を拘束する。

□□ **36** 申請を却下し若しくは棄却した処分又は審査請求を却下し若しくは棄却した裁決が判決により ① ときは、その処分又は裁決をした行政庁は、 ② に従い、改めて申請に対する処分又は審査請求に対する**裁決**をしなければならない。

□□ **37** 処分又は裁決を取り消す判決により権利を害された第三者で、 ① に帰することができない理由により訴訟に参加することができなかったため判決に影響を及ぼすべき ② を提出することができなかったものは、これを理由として、確定の終局判決に対し、 ③ をもって、**不服の申立て**をすることができる。

33 ① 相当と認める
   ② 終局判決　　　　　　→31条2項
34 第三者　　　　　　　　→32条1項
35 関係行政庁　　　　　　→33条1項
36 ① 取り消された
   ② 判決の趣旨　　　　　→33条2項
37 ① 自己の責め
   ② 攻撃又は防御の方法
   ③ 再審の訴え　　　　　→34条1項

ポイント！

　取消訴訟は、裁判所の終局判決により終了します。しかし、判決によらず終了することもあります。終了原因として、①訴えの取下げ、②請求の放棄・認諾、③裁判上の和解、④原告の死亡、などがあります。

　なお、請求の放棄は、請求が理由のないことを自認する、裁判所に対する原告の意思表示です。一方で、請求の認諾とは、請求が理由のあることを自認する、裁判所に対する被告の意思表示です。

10 取消訴訟以外の抗告訴訟①

□□ **38** 　無効等確認の訴えは、当該処分又は裁決に続く処分により損害を受けるおそれのある者その他当該処分又は裁決の無効等の確認を求めるにつき法律上の利益を有する者で、当該処分若しくは裁決の存否又はその効力の有無を前提とする現在の法律関係に関する訴えによって[　　　]ものに限り、提起することができる。

注意 □□ **39** 　不作為の違法確認の訴えは、処分又は裁決についての[　　　]をした者に限り、提起することができる。

□□ **40** 　行政庁が一定の処分をすべきであるにかかわらずこれがされないときなされる義務付けの訴えは、一定の処分がされないことにより重大な損害を生ずるおそれがあり、かつ、その損害を避けるため[　　　]がないときに限り、提起することができる。

□□ **41** 　裁判所は、40に規定する重大な損害を生ずるか否かを判断するに当たっては、[　　　]の困難の程度を考慮するものとし、損害の性質及び程度並びに処分の内容及び性質をも勘案するものとする。

□□ **42** 　40の義務付けの訴えは、行政庁が一定の処分をすべき旨を命ずることを求めるにつき[　　　]に限り、提起することができる。

38 目的を達することができない　→36条

39 申請　　　　　　　　　　　→37条

40 他に適当な方法　　　　　　→37条の2第1項

41 損害の回復　　　　　　　　→37条の2第2項

42 法律上の利益を有する者　→37条の2第3項

ポイント！

　本来、行政処分が不存在、または無効であれば、公定力、不可争力等は生じません。

　したがって、国民はあえて処分の無効等の確認を裁判所に求めるまでもなく、これを無視し、処分が無効であることを前提として自己の権利を主張することができるはずです。

　しかし、実際上、行政庁が無効な行政処分をあくまで有効なものとして行政活動を続行することもあります。そこで、裁判所によって行政行為の無効を確認してもらい、さらなる行政活動の続行を防ぐ必要があります。

　これが無効等確認訴訟が認められる理由です。

第4章　行政法③──行政事件訴訟法

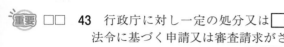

11 取消訴訟以外の抗告訴訟②

重要 □□ **43** 行政庁に対し一定の処分又は ① を求める旨の法令に基づく申請又は審査請求がされた場合において、当該行政庁がその処分又は ① をすべきであるにかかわらずこれがされないときになされる義務付けの訴えは、次の各号に掲げる要件のいずれかに該当するときに限り、提起することができる。

一 当該法令に基づく申請又は審査請求に対し相当の期間内に何らの処分又は ① がされないこと。

二 当該法令に基づく申請又は審査請求を却下し又は棄却する旨の処分又は ① がされた場合において、当該処分又は ① が取り消されるべきものであり、又は無効若しくは ② であること。

□□ **44** **43**の義務付けの訴えは、**43**の各号に規定する法令に基づく申請又は ◻◻◻◻ をした者に限り、提起することができる。

解答 ▶ 取消訴訟以外の抗告訴訟②

43 ① 裁決
　 ② 不存在　　　　　　　　→37条の3第1項
44 審査請求　　　　　　　　　→37条の3第2項

ポイント

　義務付け訴訟は、一定の場合に公権力の行使の発動を求める訴訟です。特定の処分を求めることができるため、国民の権利利益の救済が迅速に図れるという利点があります。

　裁判所が特定の処分の発動を求めることは、処分の内容を決定する行政の権限を侵すことにもなりかねません。そこで、義務付け訴訟を提起するのはいかなる場合でも可能とするわけにはいかず、一定の要件を満たすことが必要です。

第4章　行政法③——行政事件訴訟法

12 取消訴訟以外の抗告訴訟③

□□ **45** **43**の義務付けの訴えを提起するときは、次の各号に掲げる区分に応じてそれぞれ当該各号に定める訴えをその義務付けの訴えに ① しなければならない。

一 **43**第1号に掲げる要件に該当する場合 同号に規定する処分又は裁決に係る ② の訴え

二 **43**第2号に掲げる要件に該当する場合 同号に規定する処分又は裁決に係る取消訴訟又は ③ の訴え

□□ **46** **45**の規定により併合して提起された義務付けの訴え及び**45**の各号に定める訴えに係る弁論及び裁判は、 しなければならない。

取消訴訟以外の抗告訴訟③

45 ① 併合して提起

② 不作為の違法確認

③ 無効等確認　　　　→37条の3第3項

46 分離しないで　　　　→37条の3第4項

ポイント 🖊

　義務付け訴訟のタイプを簡単に説明すると、①申請権を前提とせず、行政庁が一定の処分をすべき旨を命じることを求める類型（直接型義務付け訴訟）と、②行政庁に対して申請した者が原告となって、行政庁が一定の処分をすべき旨を命じることを求める類型（申請満足型義務付け訴訟）とに分けられます。

第4章　行政法③──行政事件訴訟法

13 取消訴訟以外の抗告訴訟④

注意 □□ **47** 43の義務付けの訴えのうち、行政庁が一定の裁決を すべき旨を命ずることを求めるものは、処分についての審査請求がされた場合において、当該処分に係る処分の取消しの訴え又は無効等確認の訴えを　　　ができないときに限り、提起することができる。

□□ **48** 差止めの訴えは、一定の処分又は裁決がされることにより　①　を生ずるおそれがある場合に限り、提起することができる。ただし、その損害を避けるため　②　方法があるときは、この限りでない。

□□ **49** 裁判所は、**48**に規定する重大な損害を生ずるか否かを判断するに当たっては、損害の回復の困難の程度を考慮するものとし、損害の性質及び程度並びに処分又は　　　の内容及び性質をも勘案するものとする。

136 第4章　行政法③──行政事件訴訟法

47 提起すること　　　　　→37条の3第7項

48 ①　重大な損害

　　②　他に適当な　　　　→37条の4第1項

49 裁決　　　　　　　　　　→37条の4第2項

ポイント✐

　直接型義務付け訴訟が想定されるのは、原子力発電所の周辺住民が、行政庁に対して、電力会社に最新の科学的知見に基づく施設の改善命令を出すように求める場合などです。

　一方、申請満足型義務付け訴訟が想定されるのは、年金に関する給付を求める申請をして、それが拒否された場合などです。

第4章 行政法③──行政事件訴訟法

14 取消訴訟以外の抗告訴訟⑤

RANK
★★

□□ **50** 差止めの訴えは、行政庁が一定の処分又は裁決をしてはならない旨を ☐ を求めるにつき法律上の利益を有する者に限り、提起することができる。

注意 □□ **51** 義務付けの訴えの提起があった場合において、その義務付けの訴えに係る処分又は裁決がされないことにより生ずる償うことのできない損害を避けるため ① があり、かつ、本案について理由があるとみえるときは、裁判所は、申立てにより、決定をもって、仮に行政庁がその処分又は裁決をすべき旨を命ずること（以下この条において「 ② 」という。）ができる。

□□ **52** 仮の義務付け又は仮の差止めは、 ☐ に重大な影響を及ぼすおそれがあるときは、することができない。

取消訴訟以外の抗告訴訟⑤

50	命ずること	→37条の4第3項
51	① 緊急の必要	
	② 仮の義務付け	→37条の5第1項
52	公共の福祉	→37条の5第3項

ポイント🖋

　義務付け訴訟や差止訴訟には時間がかかるため、訴訟終了以前に権利の救済を図るべき場合があります。これは取消訴訟における執行停止制度と同様です。

　そこで、仮の義務付け制度と仮の差止制度が設けられています。

第4章　行政法③──行政事件訴訟法

15 当事者訴訟／民衆訴訟・機関訴訟

当事者訴訟

☐☐ **53** 当事者間の ① を確認し又は形成する処分又は裁決に関する訴訟で、法令の規定によりその法律関係の ② の一方を被告とするものが提起されたときは、裁判所は、当該処分又は裁決をした行政庁にその旨を通知するものとする。

☐☐ **54** 法令に出訴期間の定めがある当事者訴訟は、その法令に別段の定めがある場合を除き、□□□があるときは、その期間を経過した後であっても、これを提起することができる。

民衆訴訟・機関訴訟

☐☐ **55** 民衆訴訟及び機関訴訟は、法律に定める場合において、□□□に限り、提起することができる。

解答 **当事者訴訟／民衆訴訟・
機関訴訟**

当事者訴訟

53 ① 法律関係
   ② 当事者　　　　　→39条
54 正当な理由　　　　　→40条1項

民衆訴訟・機関訴訟

55 法律に定める者　　　→42条

ポイント

　当事者訴訟は、形式的当事者訴訟と実質的当事者訴
訟とに分けられます。

　形式的当事者訴訟は個別の法律によって認められま
す。具体例としては、土地収用法の損失補償の訴えが
あります。

　一方、実質的当事者訴訟の例としては、免職処分の
無効を前提とする公務員の身分確認訴訟などがありま
す。

第4章　行政法③——行政事件訴訟法

16 補 則

□□ **56** 私法上の法律関係に関する訴訟において、処分若しくは裁決の存否又はその効力の有無が争われている場合に、行政庁が訴訟に参加した後に、処分若しくは裁決の存否又はその効力の有無に関する□□□がなくなったときは、裁判所は、参加の決定を取り消すことができる。

注意 □□ **57** 行政庁は、取消訴訟を提起することができる処分又は裁決をする場合には、当該処分又は裁決の相手方に対し、次に掲げる事項を書面で教示しなければならない。ただし、当該処分を□□□□でする場合は、この限りでない。
一　当該処分又は裁決に係る取消訴訟の被告とすべき者
二　当該処分又は裁決に係る取消訴訟の出訴期間
三　法律に当該処分についての審査請求に対する裁決を経た後でなければ処分の取消しの訴えを提起することができない旨の定めがあるときは、その旨

| 56 | 争い | →45条3項 |
| 57 | 口頭 | →46条1項 |

ポイント🖊

　行政不服審査法同様、行政事件訴訟法にも教示制度が設けられています。もっとも、行政不服審査法は、利害関係人から要求があった場合の教示義務を定めているのに対し、行政事件訴訟法は、処分の相手方以外の第三者に対する教示義務を定めていません。

　また、行政不服審査法には、教示をしなかった場合の救済手続を定めていますが、行政事件訴訟法には、このような規定は置かれていません。

　行政法の過去問では、このような類似の制度を横断的に問う問題が出題されているので、よく整理しておきましょう。

第4章　行政法③――行政事件訴訟法

基本的な条文をメリハリをつけて学習！

　この本は、試験科目の範囲である法律の全条文が掲載されているわけではありません。基本的な条文に絞って掲載されています。つまりは、記憶する量があらかじめ絞られています。

　また、条文の前には、「重要」と「注意」のマークをつけ、基本的な条文の中でも、更に集中すべき条文を明らかにしています。

　これは優先順位をつけ、条文ごとにメリハリをつけて学習していただきたいからです。

　このメリハリが法律の学習ではとても重要です。

　全部を同じ力で学習すると疲れてしまいます。でも、メリハリに従って学習すると、力の入れどころ、さらっと見ておけばよいところがわかります。

第 5 章

民 法

1 総則：行為能力①

RANK ★★

 □□ **1** 未成年者が法律行為をするには、その ① を得なければならない。ただし、単に権利を得、又は ② 法律行為については、この限りでない。

□□ **2** 精神上の障害により事理を弁識する能力を欠く ① にある者については、家庭裁判所は、本人、配偶者、４親等内の親族、未成年後見人、未成年後見監督人、保佐人、保佐監督人、補助人、補助監督人又は ② の請求により、後見開始の審判をすることができる。

□□ **3** 成年被後見人の法律行為は、 ① ができる。ただし、日用品の購入その他 ② については、この限りでない。

□□ **4** 精神上の障害により事理を弁識する能力が である者については、家庭裁判所は、本人、配偶者、４親等内の親族、後見人、後見監督人、補助人、補助監督人又は検察官の請求により、保佐開始の審判をすることができる。ただし、２に規定する原因がある者については、この限りでない。

1 ① 法定代理人の同意
  ② 義務を免れる　　　　→5条1項
2 ① 常況
  ② 検察官　　　　　　　→7条
3 ① 取り消すこと
  ② 日常生活に関する行為　→9条
4 著しく不十分　　　　　→11条

ポイント🖊

行為能力とは、自ら単独で確定的に有効な意思表示をなし得る能力のことです。

似たようなものに、権利能力と意思能力があります。

権利能力とは、私法上の権利義務の帰属主体となることができる地位・資格をいいます。また、意思能力とは、自己の行為の結果を弁識するに足るだけの精神能力をいいます。

第5章 民法

2 総則：行為能力②

□□ 5 被保佐人が承認若しくは相続の放棄又は遺産の分割をするには、その保佐人の[　　　]を得なければならない。

注意 □□ 6 保佐人の同意を得なければならない行為について、保佐人が被保佐人の利益を害するおそれがないにもかかわらず同意をしないときは、[　　　]は、被保佐人の請求により、保佐人の同意に代わる許可を与えることができる。

□□ 7 保佐人の同意を得なければならない行為であって、その同意又はこれに代わる許可を得ないでしたものは、[　　　]ができる。

□□ 8 精神上の障害により事理を弁識する能力が[　　　]である者については、家庭裁判所は、本人、配偶者、4親等内の親族、後見人、後見監督人、保佐人、保佐監督人又は検察官の請求により、補助開始の審判をすることができる。

重要 □□ 9 本人以外の者の請求により補助開始の審判をするには、[　　　]がなければならない。

5	同意	→13条1項6号
6	家庭裁判所	→13条3項
7	取り消すこと	→13条4項
8	不十分	→15条1項
9	本人の同意	→15条2項

ポイント！

制限行為能力者は、民法上、未成年者・成年被後見人・被保佐人・被補助人の4つが定められています。

これらをばらばらに覚えるのではなく、比較対照して整理してください。

第5章　民法

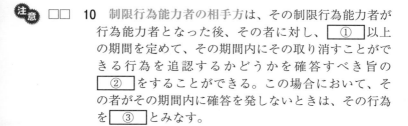

3 総則：行為能力③

RANK
★★

注意 □□ **10** 制限行為能力者の相手方は、その制限行為能力者が行為能力者となった後、その者に対し、 ① 以上の期間を定めて、その期間内にその取り消すことができる行為を追認するかどうかを確答すべき旨の ② をすることができる。この場合において、その者がその期間内に確答を発しないときは、その行為を ③ とみなす。

注意 □□ **11** 制限行為能力者の相手方が、制限行為能力者が □□□□ とならない間に、その法定代理人、保佐人又は補助人に対し、その権限内の行為について10に規定する催告をした場合において、これらの者が10の期間内に確答を発しないときも、10の後段と同様とする。

注意 □□ **12** 制限行為能力者の相手方は、被保佐人又は第17条1項の審判を受けた被補助人に対しては、10の期間内にその保佐人又は補助人の追認を得るべき旨の催告をすることができる。この場合において、その被保佐人又は被補助人がその期間内にその追認を得た旨の通知を発しないときは、その行為を □□□□ とみなす。

10 ①　1か月

②　催告

③　追認したもの　　　→20条1項

11　行為能力者　　　　　　→20条2項

12　取り消したもの　　　→20条4項

ポイント

　制限行為能力者が行為能力者であることを信じさせるため詐術を用いたときは、その行為を取り消すことができません（21条）。

　これは、制限行為能力者の相手方を保護する制度です。

第5章　民法

4 総則：失踪宣告

☐☐ **13** 不在者の生死が ① 明らかでないときは、家庭裁判所は、 ② の請求により、**失踪の宣告**をすることができる。

☐☐ **14** 戦地に臨んだ者、沈没した船舶の中に在った者その他死亡の原因となるべき危難に遭遇した者の生死が、それぞれ、戦争が止んだ後、船舶が沈没した後又はその他の ① 後 ② 明らかでないときも、13と同様とする。

注意 ☐☐ **15** 13の規定により失踪の宣告を受けた者は13の ① 時に、14の規定により失踪の宣告を受けた者はその ② 時に、**死亡したものとみなす**。

☐☐ **16** 失踪者が生存すること又は15に規定する時と異なる時に死亡したことの ① ときは、家庭裁判所は、本人又は利害関係人の請求により、失踪の宣告を**取り消さなければならない**。この場合において、その取消しは、失踪の宣告後その**取消し前**に ② でした行為の効力に影響を及ぼさない。

☐☐ **17** 失踪の宣告によって財産を得た者は、その取消しによって権利を失う。ただし、現に を受けている限度においてのみ、その**財産を返還する義務**を負う。

13　①　7年間
　　②　利害関係人　　　　　→30条1項
14　①　危難が去った
　　②　1年間　　　　　　　→30条2項
15　①　期間が満了した
　　②　危難が去った　　　　→31条
16　①　証明があった
　　②　善意　　　　　　　　→32条1項
17　利益　　　　　　　　　　→32条2項

第5章　民法

ポイント

　失踪宣告とは、不在者の生死不明の状態が継続して死亡の可能性が高い場合に、以前住んでいた場所を中心とした法律関係について、不在者の死亡を擬制する制度です。
　現存利益について、例えば、遊興費などで消費してしまった場合、現存利益はありません。これに対して、生活費や借金の返済にあてた場合、現存利益があると考えます。

5 意思表示

RANK
★★★

□□ **18** 意思表示は、表意者がその真意ではないことを知ってしたときであっても、そのためにその効力を ① 。ただし、相手方が表意者の真意を知り、又は知ることができたときは、その意思表示は、 ② とする。

□□ **19** 相手方と通じてした□□□は、無効とする。

□□ **20** 19の規定による意思表示の無効は、□□□に対抗することができない。

重要 □□ **21** 意思表示は、次に掲げる錯誤に基づくものであって、その錯誤が法律行為の目的及び取引上の社会通念に照らして重要なものであるときは、取り消すことができる。
一 ① を欠く錯誤
二 表意者が ② についてのその認識が真実に反する錯誤

□□ **22** 詐欺又は強迫による意思表示は、□□□ことができる。

重要 □□ **23** 相手方に対する意思表示について ① が詐欺を行った場合においては、相手方が ② 又は ③ ときに限り、その意思表示を取り消すことができる。

意思表示

18 ① 妨げられない

② 無効　　　　　　　　　→93条1項

19 虚偽の意思表示　　　　　→94条1項

20 善意の第三者　　　　　　→94条2項

21 ① 意思表示に対応する意思

② 法律行為の基礎とした事情　→95条1項

22 取り消す　　　　　　　　→96条1項

23 ① 第三者

② その事実を知り

③ 知ることができた　　→96条2項

ポイント！

　意思表示とは、一定の法律効果の発生を欲する意思を外部に対して表示する行為をいいます。

　民法上、意思表示に関する定めは、①心裡留保、②通謀虚偽表示、③錯誤、④詐欺・強迫があります。

　①、②、③のうちの表示の錯誤は意思の不存在であるのに対し、③のうち動機の錯誤及び④は瑕疵ある意思表示（意思決定が自由に行われなかった意思表示）です。

□□ **24** 代理人がその権限内において本人のためにすることを示してした意思表示は、[　　　]に対して直接にその効力を生ずる。

重要 □□ **25** 代理人が相手方に対してした意思表示の効力が意思の不存在、錯誤、詐欺、強迫又はある事情を[①]若しくは知らなかったことにつき[②]があったことによって影響を受けるべき場合には、その事実の有無は、[③]について決するものとする。

□□ **26** 制限行為能力者が代理人としてした行為は、[　　　]の制限によっては取り消すことができない。ただし、制限行為能力者が他の制限行為能力者の**法定代理人**としてした行為については、この限りでない。

□□ **27** 権限の定めのない代理人は、次に掲げる行為のみをする権限を有する。
　　一　[①]
　　二　代理の目的である物又は権利の性質を変えない範囲内において、その**利用**又は[②]を目的とする行為

□□ **28** 委任による代理人は、[①]を得たとき、又は[②]があるときでなければ、**復代理人**を選任することができない。

24　本人　　　　　　　　　　→99条1項

25　①　知っていたこと

　　②　過失

　　③　代理人　　　　　　　→101条1項

26　行為能力　　　　　　　　→102条

27　①　保存行為

　　②　改良　　　　　　　　→103条

28　①　本人の許諾

　　②　やむを得ない事由　　→104条

ポイント！

　代理には、法定代理と任意代理があります。

　法定代理権は、本人の意思によらずに法律上与えられるものです。例えば、未成年者の親権者等に与えられています。

　任意代理権は、本人の意思、つまり本人と代理人との間における授権行為によって生じます。

7 代 理 ②

RANK ★★

注意 □□ **29** ＿＿①＿＿ は、自己の責任で**復代理人**を選任すること
ができる。この場合において、＿＿②＿＿ があるときは、
本人に対してその**選任及び監督**についての責任のみを
負う。

□□ **30** **復代理人**は、その＿＿＿＿＿の行為について、本人を
代表する。

□□ **31** **復代理人**は、本人及び第三者に対して、代理人と
＿＿＿＿＿の権利を有し、義務を負う。

□□ **32** 代理人が**自己又は第三者の利益を図る目的**で代理権
の範囲内の行為をした場合において、相手方がその目
的を ＿①＿ 、又は ＿②＿ は、その行為は、代理権を
有しない者がした行為とみなす。

□□ **33** 同一の ＿①＿ について、**相手方の代理人**として、
又は**当事者双方の代理人**としてした行為は、代理権を
有しない者がした行為とみなす。ただし、＿②＿ 及
び本人があらかじめ ＿③＿ した行為については、こ
の限りでない。

29　①　法定代理人
　　②　やむを得ない事由　→105条
30　権限内　　　　　　　　→106条1項
31　同一　　　　　　　　　→106条2項
32　①　知り
　　②　知ることができたとき　→107条
33　①　法律行為
　　②　債務の履行
　　③　許諾　　　　　　　　→108条1項

ポイント！

　代理行為の効果が本人に帰属するには、①代理人が、本人のためにすることを示すこと（顕名）、②代理権、③代理行為が代理権の範囲内であることが必要です。

　復代理とは、代理人が、自分の権限内の行為を行わせるため、自分の名でさらに代理人を選任して、本人を代理させる場合をいいます。復代理により選任された代理人は、復代理人と呼ばれます。

8 代 理 ③

重要 □□ **34** 第三者に対して他人に代理権を与えた旨を表示した者は、その ① においてその他人が第三者との間でした行為について、その責任を負う。ただし、第三者が、その他人が代理権を与えられていないことを知り、又は ② ときは、この限りでない。

□□ **35** 34の本文の規定は、代理人がその権限外の行為をした場合において、第三者が代理人の権限があると があるときについて準用する。

□□ **36** 代理権は、次に掲げる事由によって消滅する。
一 本人の ①
二 代理人の死亡又は代理人が破産手続開始の決定若しくは ② を受けたこと。

□□ **37** 委任による代理権は、36の各号に掲げる事由のほか、 によって消滅する。

注意 □□ **38** 他人に代理権を与えた者は、代理権の消滅後にその代理権の範囲内においてその他人が との間でした行為について、代理権の消滅の事実を知らなかった に対してその責任を負う。ただし、 が過失によってその事実を知らなかったときは、この限りでない。

代 理 ③

34　①　代理権の範囲内

　　②　過失によって知らなかった　→109条1項

35　信ずべき正当な理由　　→110条

36　①　死亡

　　②　後見開始の審判　　→111条1項

37　委任の終了　　　　→111条2項

38　第三者　　　　　　→112条1項

ポイント🖊

表見代理とは、無権代理行為のうち、外観上、行為の相手方に、本人と無権代理人との間に代理権が存在することを信じさせるだけの事情がある場合に、有権代理と同様の効果を生じさせる制度をいいます。

表見代理制度の趣旨は、本人と無権代理人との間の代理権の存在を信頼した無権代理行為の相手方を保護して、取引の安全を図ること、及び代理制度の信用を維持することです。

9 代理 ④

RANK
★★

重要 □□ **39** 代理権を有しない者が他人の代理人としてした契約は、□□□□□がその追認をしなければ、□□□□に対してその効力を生じない。

□□ **40** 追認又はその拒絶は、相手方に対してしなければ、その相手方に対抗することができない。ただし、相手方がその□□□□ときは、この限りでない。

注意 □□ **41** 39・40の場合において、相手方は、本人に対し、相当の期間を定めて、その期間内に追認をするかどうかを確答すべき旨の催告をすることができる。この場合において、本人がその期間内に確答をしないときは、□□□□したものとみなす。

□□ **42** 代理権を有しない者がした契約は、本人が追認をしない間は、相手方が □①□ ことができる。ただし、契約の時において代理権を有しないことを相手方が □②□ ときは、この限りでない。

□□ **43** 追認は、別段の意思表示がないときは、□□□□にさかのぼってその効力を生ずる。ただし、第三者の権利を害することはできない。

代 理 ④

39	本人	→113条1項
40	事実を知った	→113条2項
41	追認を拒絶	→114条
42	① 取り消す	
	② 知っていた	→115条
43	契約の時	→116条

ポイント

　無権代理とは、代理人として代理行為をした者に代理権がない場合をいいます。

　無権代理がなされたとき、本人、相手方がどのような法的手段をとれるかをきちんと押さえておきましょう。

　無権代理人は、本人の追認を得たときを除いて、相手方の選択に従い、相手方に対して「履行」又は「損害賠償」の責任を負うのが原則です（117条1項）。

10 無効及び取消し

□□ **44** ① は、追認によっても、その効力を生じない。ただし、当事者がその行為の無効であることを知って追認をしたときは、 ② ものとみなす。

□□ **45** 行為能力の制限によって取り消すことができる行為は、制限行為能力者（他の制限行為能力者の法定代理人としてした行為にあっては、当該他の制限行為能力者を含む。）又はその ① 、承継人若しくは ② をすることができる者に限り、取り消すことができる。

□□ **46** 錯誤、詐欺又は強迫によって取り消すことができる行為は、 ① をした者又はその代理人若しくは ② に限り、取り消すことができる。

注意 □□ **47** 取り消された行為は、初めから　　　であったものとみなす。

□□ **48** 取消権は、 ① をすることができる時から ② 行使しないときは、時効によって消滅する。行為の時から ③ を経過したときも、同様とする。

無効及び取消し

44 ① 無効な行為
　 ② 新たな行為をした　→119条
45 ① 代理人
　 ② 同意　　　　　　　→120条1項
46 ① 瑕疵ある意思表示
　 ② 承継人　　　　　　→120条2項
47 無効　　　　　　　　　→121条
48 ① 追認
　 ② 5年間
　 ③ 20年　　　　　　　→126条

ポイント！

　無効とは、法律行為の効果が初めから生じないことをいいます。

　一方、取消しとは、法律上定められた一定の事由に基づき、特定の者（取消権者）の単独の意思表示によって、法律行為を行為時にさかのぼってなかったものとすることをいいます。そのため、取り消された行為により給付を受けていた者は、相手方を原状に復させる義務を負います。

11 条 件

❶ ／ **❷** ／

RANK ★

注意 □□ **49** 停止条件付法律行為は、停止条件が[　　　]からその効力を生ずる。

□□ **50** 条件が成就することによって不利益を受ける当事者が[　　　]その条件の成就を妨げたときは、相手方は、その条件が成就したものとみなすことができる。

重要 □□ **51** 条件が法律行為の時に既に成就していた場合において、その条件が停止条件であるときはその法律行為は[①]とし、その条件が解除条件であるときはその法律行為は[②]とする。

□□ **52** 不能の停止条件を付した法律行為は、[　　　]とする。

□□ **53** [　　　]付法律行為は、その条件が単に債務者の意思のみに係るときは、無効とする。

□□ **54** 法律行為に始期を付したときは、その法律行為の履行は、[　　　]まで、これを請求することができない。

49	成就した時	→127条1項
50	故意に	→130条1項
51	① 無条件	
	② 無効	→131条1項
52	無効	→133条1項
53	停止条件	→134条
54	期限が到来する	→135条1項

第5章 民法

ポイント❗

　条件とは、法律行為の効力の発生または消滅について、将来の不確実な事実の成否にかからしめることをいいます。この条件には、停止条件と解除条件があります。

　また、期限とは、法律行為の効力の発生、消滅または債務の履行を将来到来することが確実な事実の発生にかからしめる、法律行為の付款をいいます。

　条件は、将来の成否が不確実な事実に関するものであるのに対し、期限は、将来の到来が確実な事実に関するものです。

12 時 効 ①

☐☐ **55** 時効の効力は、その[＿＿＿]にさかのぼる。

☐☐ **56** 時効は、当事者（消滅時効にあっては、保証人、物上保証人、第三取得者その他権利の消滅について正当な利益を有する者を含む。）が[＿＿＿]しなければ、裁判所がこれによって裁判をすることができない。

☐☐ **57** 時効の利益は、[＿＿＿]放棄することができない。

☐☐ **58** 次に掲げる事由がある場合には、その事由が終了するまでの間は、時効は、完成しない。
　一　[＿＿＿]
　二　支払督促
　三　民事訴訟法第275条第1項の和解又は民事調停法若しくは家事事件手続法による調停
　四　破産手続参加、再生手続参加又は更生手続参加

☐☐ **59** **58**の場合において、確定判決又は確定判決と同一の効力を有するものによって[＿＿＿]は、時効は、**58**に掲げる事由が終了した時から新たにその進行を始める。

55	起算日	→144条
56	援用	→145条
57	あらかじめ	→146条
58	裁判上の請求	→147条1項
59	権利が確定したとき	→147条2項

ポイント！

時効とは、一定の事実状態が一定期間継続すると、それが真実の権利関係であるかどうかを問わずに、その事実状態をそのまま正当な権利関係として認めようとする制度をいいます。

時効には、権利取得の効果が与えられる取得時効と、権利を消滅させる消滅時効とがあります。

第5章 民 法

13 時 効 ②

RANK
★★

□□ **60** ［　　　　］間、所有の意思をもって、平穏に、かつ、公然と他人の物を占有した者は、その所有権を取得する。

重要 □□ **61** ［ ① ］間、所有の意思をもって、平穏に、かつ、公然と他人の物を占有した者は、その［ ② ］の時に、善意であり、かつ、過失がなかったときは、その所有権を取得する。

□□ **62** 60・61の規定による時効は、占有者が任意にその［ ① ］し、又は他人によってその［ ② ］ときは、中断する。

重要 □□ **63** 債権は、次に掲げる場合には、時効によって消滅する。

一　債権者が［　　　］することができることを知った時から5年間行使しないとき。

二　［　　　］することができる時から10年間行使しないとき。

□□ **64** 63の規定は、始期付権利又は停止条件付権利の目的物を占有する第三者のために、その［　　　］から取得時効が進行することを妨げない。ただし、権利者は、その時効を中断するため、いつでも占有者の承認を求めることができる。

時 効 ②

60	20年	→162条1項
61	① 10年	
	② 占有の開始	→162条2項
62	① 占有を中止	
	② 占有を奪われた	→164条
63	権利を行使	→166条1項
64	占有の開始の時	→166条3項

第5章 民法

ポイント!

　取得時効の要件である「所有の意思をもって」とは、所有者と同様の排他的支配を事実上行おうとする意思による占有（自主占有）をいいます。

　この自主占有かどうかは、占有取得の原因である事実によって、客観的に判断されます（判例）。例えば、売買における買主の占有や盗人の占有は自主占有とされるのに対し、賃貸借における賃借人の占有は他主占有とされます。

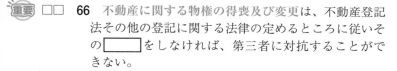

RANK
★★

□□ **65** 物権の設定及び移転は、当事者の[　　　]のみによって、その効力を生ずる。

重要 □□ **66** 不動産に関する物権の得喪及び変更は、不動産登記法その他の登記に関する法律の定めるところに従いその[　　　]をしなければ、第三者に対抗することができない。

注意 □□ **67** 動産に関する物権の譲渡は、その[　　　]がなければ、第三者に対抗することができない。

□□ **68** 同一物について所有権及び他の物権が同一人に帰属したときは、当該他の物権は、[　①　]。ただし、その物又は当該他の物権が第三者の権利の目的であるときは、この限りでない。これは、[　②　]については、適用しない。

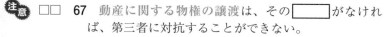

解答　物　権

65	意思表示	→176条
66	登記	→177条
67	動産の引渡し	→178条
68	① 消滅する	
	② 占有権	→179条1項、3項

ポイント！

　物権とは、一定の物を直接に支配して利益を受ける排他的な権利をいいます。直接支配性とは、権利者が、他人を介さず直接に物を支配することをいいます。

　債権が債務者に給付を請求する権利であるのに対し、物権は、権利者が直接にその物を支配する権利です。

第5章　民法

15 占有権①

RANK ★★

□□ **69** 占有権は、［ ］をもって物を所持することによって取得する。

□□ **70** 占有権は、［ ］によって取得することができる。

□□ **71** 占有権の譲渡は、［ ］によってする。

注意 □□ **72** 譲受人又はその代理人が現に占有物を所持する場合には、占有権の譲渡は、当事者の［ ］のみによってすることができる。

□□ **73** 代理人が自己の占有物を以後本人のために［ ］を表示したときは、本人は、これによって占有権を取得する。

注意 □□ **74** 代理人によって占有をする場合において、本人がその代理人に対して以後第三者のためにその物を［ ］を命じ、その第三者がこれを承諾したときは、その第三者は、占有権を取得する。

重要 □□ **75** 占有者は、所有の意思をもって、善意で、平穏に、かつ、［ ① ］と占有をするものと［ ② ］する。

69	自己のためにする意思	→180条
70	代理人	→181条
71	占有物の引渡し	→182条1項
72	意思表示	→182条2項
73	占有する意思	→183条
74	占有すること	→184条
75	① 公然	
	② 推定	→186条1項

ポイント

占有とは、自己のためにする意思で、物を現実に所持している事実状態をいいます。

例えば、土地について、使用利益や果実を得る目的で、自己の支配下に置くことが占有です。

第5章 民法

16 占有権②

注意 □□ **76** 　　　　は、その選択に従い、自己の占有のみを主張し、又は自己の占有に前の占有者の占有を併せて主張することができる。

□□ **77** 前の占有者の占有を併せて主張する場合には、その　　　　をも承継する。

重要 □□ **78** 占有者が占有物について行使する権利は、　　　　に有するものと推定する。

□□ **79** 善意の占有者が本権の訴えにおいて　①　したときは、その訴えの提起の時から　②　の占有者とみなす。

□□ **80** 悪意の占有者は、果実を返還し、かつ、既に消費し、過失によって損傷し、又は収取を怠った果実の代価を　　　　を負う。

□□ **81** 占有物が占有者の責めに帰すべき事由によって滅失し、又は損傷したときは、その回復者に対し、　①　の占有者はその損害の全部の賠償をする義務を負い、　②　の占有者はその滅失又は損傷によって現に利益を受けている限度において賠償をする義務を負う。ただし、　③　のない占有者は、善意であるときであっても、全部の賠償をしなければならない。

76 占有者の承継人　　　　→187条1項
77 瑕疵　　　　　　　　　→187条2項
78 適法　　　　　　　　　→188条
79 ① 敗訴
　　② 悪意　　　　　　　→189条2項
80 償還する義務　　　　　→190条1項
81 ① 悪意
　　② 善意
　　③ 所有の意思　　　　→191条

ポイント

　果実収取権の有無の判断は、占有者が善意か悪意か場合分けをすることです。

　善意であれば、果実を取得できますが、悪意であれば、現に存する果実を返還したうえで、すでに消費した果実などを償還しなければなりません。

　占有では、このように善意であるか悪意であるかで、することが異なってくるので注意しましょう。

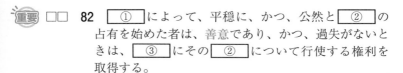

重要 □□ **82** ① によって、平穏に、かつ、公然と ② の占有を始めた者は、善意であり、かつ、過失がないときは、 ③ にその ② について行使する権利を取得する。

注意 □□ **83** 82の場合において、占有物が ① 又は ② であるときは、被害者又は遺失者は、盗難又は遺失の時から ③ 、占有者に対してその物の回復を請求することができる。

□□ **84** 占有者が占有物を返還する場合には、その物の保存のために支出した金額その他の ① を回復者から償還させることができる。ただし、占有者が果実を取得したときは、 ② は、占有者の負担に帰する。

□□ **85** 占有者が占有物の改良のために支出した金額その他の ① については、その価格の増加が現存する場合に限り、 ② に従い、その支出した金額又は増価額を償還させることができる。ただし、 ③ に対しては、裁判所は、回復者の請求により、その償還について ④ を許与することができる。

占有権③

82　①　取引行為
　　②　動産
　　③　即時　　　　　　　　→192条
83　①　盗品
　　②　遺失物
　　③　２年間　　　　　　　→193条
84　①　必要費
　　②　通常の必要費　　　　→196条１項
85　①　有益費
　　②　回復者の選択
　　③　悪意の占有者
　　④　相当の期限　　　　　→196条２項

ポイント

　必要費とは、物の保存や管理に必要な費用をいい、家屋の雨漏りの修繕費、公租公課などがこれにあたります。

　有益費とは、物を改良し、物の価値を増加する費用をいい、土地の土盛り、通路の舗装、店舗の内装などがこれにあたります。

18 占有権④

RANK
★★

□□ **86** 占有者は、占有の訴えを提起することができる。
[   ]占有をする者も、同様とする。

□□ **87** 占有者がその占有を妨害されたときは、[   ]の
訴えにより、その**妨害の停止及び損害の賠償**を請求す
ることができる。

□□ **88** 占有者がその占有を妨害されるおそれがあるときは、
[①]の訴えにより、その**妨害の予防**[②]**損害賠**
償の担保を請求することができる。

重要 □□ **89** 占有者がその占有を[   ]ときは、占有回収の訴
えにより、その物の**返還及び損害の賠償**を請求するこ
とができる。

注意 □□ **90** 占有回収の訴えは、占有を侵奪した者の[①]に
対して提起することができない。ただし、その承継人
が侵奪の事実を[②]ときは、この限りでない。

□□ **91** **占有保持の訴え**は、妨害の存する間又はその
[①]以内に提起しなければならない。ただし、工
事により占有物に損害を生じた場合において、その
[②]から1年を経過し、又はその工事が完成した
ときは、これを提起することができない。

占有権④

86	他人のために	→197条
87	占有保持	→198条
88	① 占有保全	
	② 又は	→199条
89	奪われた	→200条1項
90	① 特定承継人	
	② 知っていた	→200条2項
91	① 消滅した後1年	
	② 工事に着手した時	→201条1項

第5章 民法

ポイント

　占有訴権は、自力救済禁止を図るため、占有者に本権があるか否かを問わず、占有を侵奪・妨害等された者が自己の占有を円満なものに回復する権利です。

　200条の「占有を奪われた」とは、占有者の意思に反して所持が奪われることをいいます。したがって、だまし取られた場合や、遺失して拾得された場合には、「占有を奪われた」とはいえません。

19 占有権⑤

RANK
★★

□□ **92** 占有保全の訴えは、　①　間は、提起することができる。この場合において、工事により占有物に　②　があるときは91のただし書規定を準用する。

重要 □□ **93** 占有回収の訴えは、　①　から　②　以内に提起しなければならない。

□□ **94** 占有の訴えは□□□□を妨げず、また、□□□□は占有の訴えを妨げない。

注意 □□ **95** 占有の訴えについては、本権に関する理由に基づいて□□□□をすることができない。

□□ **96** 占有権は、占有者が占有の意思を　①　し、又は占有物の　②　を失うことによって消滅する。ただし、占有者が　③　を提起したときは、この限りでない。

□□ **97** 代理人によって占有をする場合には、占有権は、次に掲げる事由によって消滅する。
　　一　本人が代理人に占有をさせる意思を放棄したこと。
　　二　代理人が本人に対して以後自己又は□□□□のために占有物を所持する意思を表示したこと。
　　三　代理人が占有物の所持を失ったこと。

□□ **98** 占有権は、代理権の□□□□のみによっては、消滅しない。

92　① 妨害の危険の存する
　　② 損害を生ずるおそれ　→201条2項
93　① 占有を奪われた時
　　② 1年　　　　　　　　→201条3項
94　本権の訴え　　　　　　→202条1項
95　裁判　　　　　　　　　→202条2項
96　① 放棄
　　② 所持
　　③ 占有回収の訴え　　　→203条
97　第三者　　　　　　　　→204条1項
98　消滅　　　　　　　　　→204条2項

ポイント

　占有権は、その性質上、消滅時効、混同によって消滅しません。占有権固有の消滅原因は、①占有意思の放棄、②所持の喪失です。

　ただし、②の場合に、占有者が占有回収の訴えを提起して勝訴し、現実に占有を回復したときには、占有権は消滅しません。

20 所有権①

RANK ★★

□□ **99** 所有者は、法令の制限内において、自由にその所有物の使用、[＿＿＿＿]及び処分をする権利を有する。

□□ **100** 不動産の所有者は、その不動産に従として[＿＿＿＿]した物の所有権を取得する。ただし、権原によってその物を附属させた他人の権利を妨げない。

□□ **101** 各共有者は、共有物の全部について、その[＿＿＿＿]をすることができる。

重要 □□ **102** 各共有者は、[＿＿＿＿]を得なければ、共有物に変更を加えることができない。

注意 □□ **103** 共有物の管理に関する事項は、102の場合を除き、各共有者の[＿①＿]に従い、その過半数で決する。ただし、[＿②＿]は、各共有者がすることができる。

□□ **104** 各共有者は、その持分に応じ、[＿＿＿＿]を支払い、その他共有物に関する負担を負う。

99	収益	→206条
100	付合	→242条
101	持分に応じた使用	→249条
102	他の共有者の同意	→251条
103	① 持分の価格	
	② 保存行為	→252条
104	管理の費用	→253条1項

第5章 民法

ポイント✎

　全国に多数存在する所有者不明土地は、多くの問題を引き起こしており、今後もこのような土地が増加するおそれがあります。そこで、所有者不明土地を円滑・適正に利用することなどを目的として、2021年4月、「民法等の一部を改正する法律」が成立しました。

　この改正法は、所有者不明土地・建物の管理制度の創設や、不明共有者がいる場合の共有物の利用の円滑化を図る仕組みの整備などが、主な内容であり、原則、公布の日から起算して2年を超えない範囲内において政令で定める日から施行されます。

21 所有権②

RANK
★★

注意 ☐☐ 105 共有者の1人が共有物について他の共有者に対して有する債権は、その　　　　に対しても行使することができる。

☐☐ 106 共有者の1人が、その　①　したとき、又は死亡して　②　ときは、その持分は、他の共有者に帰属する。

☐☐ 107 各共有者は、いつでも共有物の分割を請求することができる。ただし、　　　　内は分割をしない旨の契約をすることを妨げない。

☐☐ 108 107のただし書の契約は、更新することができる。ただし、その期間は、更新の時から　　　　を超えることができない。

105	特定承継人	→254条
106	① 持分を放棄	
	② 相続人がない	→255条
107	５年を超えない期間	→256条１項
108	５年	→256条２項

ポイント

　民法では、共同所有の形態は共有という言葉しか使用されていませんが、１つの物を複数の者が共同で所有する形態には、共有のほか、合有と総有という概念があります。

　合有とは、各共同所有者は潜在的な持分を有するが、共同目的のために複数人が結合していることから、一定の制約が加えられているものをいいます。民法上の組合財産の保有形態が合有にあたります。

　総有とは、団体の構成員である共同所有者は使用収益権能を有するが、処分の権能は団体に属するという形の共同所有形態をいいます。山林やため池の入会権の保有形態が総有にあたります。

22 地上権／地役権

RANK ★

地上権

注意 □□ 109 **地上権者**は、他人の土地において〔　　　〕を所有するため、その土地を使用する権利を有する。

□□ 110 地上権者は、その権利が消滅した時に、土地を〔①〕その工作物及び竹木を収去することができる。ただし、土地の所有者が時価相当額を提供してこれを買い取る旨を通知したときは、地上権者は、〔②〕がなければ、これを拒むことができない。

□□ 111 **地下**又は**空間**は、〔　　　〕ため、上下の範囲を定めて地上権の目的とすることができる。この場合においては、設定行為で、地上権の行使のためにその土地の使用に制限を加えることができる。

地役権

□□ 112 **地役権**は、〔①〕（地役権者の土地であって、他人の土地から便益を受けるものをいう。以下同じ。）の所有権に従たるものとして、その所有権とともに移転し、又は〔①〕について存する他の権利の目的となるものとする。ただし、〔②〕に別段の定めがあるときは、この限りでない。

□□ 113 **地役権**は、要役地から分離して譲り渡し、又は他の権利の目的とすることが〔　　　〕。

地上権

109	工作物又は竹木	→265条
110	① 原状に復して	
	② 正当な理由	→269条1項
111	工作物を所有する	→269条の2第1項

地役権

112	① 要役地	
	② 設定行為	→281条1項
113	できない	→281条2項

ポイント

地上権や地役権は、用益物権と呼ばれます。用益物権とは、他人の土地を一定の目的のために使用収益する制限物権のことです。

制限物権とは、所有権のように目的物を全面的に支配するのではなくて、一定の限られた目的のために使用する物権をいいます。

第5章 民法

23 留置権①

RANK
★★

重要 □□ 114 他人の物の ① は、その物に関して生じた ②
を有するときは、その ② の弁済を受けるまで、
その物を留置することができる。ただし、その ②
が ③ ときは、この限りでない。

□□ 115 114の規定は、占有が [   ] によって始まった場合
には、適用しない。

□□ 116 留置権者は、[   ] までは、留置物の全部につい
てその権利を行使することができる。

□□ 117 留置権者は、[   ] をもって、留置物を占有しな
ければならない。

注意 □□ 118 留置権者は、 ① を得なければ、留置物を使用し、
賃貸し、又は担保に供することができない。ただし、
その物の ② をすることは、この限りでない。

留置権①

114 ① 占有者
   ② 債権
   ③ 弁済期にない　　　→295条1項
115 不法行為　　　　　　　→295条2項
116 債権の全部の弁済を受ける　→296条
117 善良な管理者の注意　→298条1項
118 ① 債務者の承諾
   ② 保存に必要な使用　→298条2項

ポイント

　担保物権には、①付従性、②随伴性、③不可分性、④物上代位性という性質があるとされています。
　もっとも、留置権には、物上代位性は認められていません。

第5章　民法

24 留置権②

注意 ☐☐ **119** 留置権者は、留置物について**必要費**を支出したときは、所有者にその[　　　　]をさせることができる。

☐☐ **120** 留置権者は、留置物について**有益費**を支出したときは、これによる[①]が現存する場合に限り、所有者の選択に従い、その支出した金額又は増価額を償還させることができる。ただし、裁判所は、所有者の請求により、その償還について[②]を許与することができる。

☐☐ **121** 留置権の行使は、債権の[　　　　]の進行を妨げない。

重要 ☐☐ **122** 債務者は、[　　　　]を供して、留置権の消滅を請求することができる。

☐☐ **123** 留置権は、留置権者が留置物の[　　　　]を失うことによって、**消滅**する。ただし、118の規定により留置物を賃貸し、又は質権の目的としたときは、この限りでない。

留置権②

119	償還	→299条1項
120	① 価格の増加	
	② 相当の期限	→299条2項
121	消滅時効	→300条
122	相当の担保	→301条
123	占有	→302条

ポイント!

　担保物権も物権であるから、物権の一般的な効力を有します。さらに、担保物権には、**優先弁済的効力**、**留置的効力**があります。

　もっとも、留置権には、優先弁済的効力はありません。

　なお、優先弁済的効力とは、債務の弁済が得られないとき、担保の目的物の持つ価値からほかの債権者に優先して弁済を受けることができる効力をいいます。

第5章 民法

25 先取特権／質権

RANK
★

先取特権

□□ **124** 先取特権は、その目的物の売却、賃貸、滅失又は損傷によって債務者が受けるべき金銭その他の物に対しても、行使することができる。ただし、先取特権者は、その ① 又は ② の前に差押えをしなければならない。

質権

重要 □□ **125** 質権の設定は、債権者にその目的物を [   ] によって、その効力を生ずる。

□□ **126** 動産質権者は、[   ] しなければ、その質権をもって第三者に対抗することができない。

注意 □□ **127** 動産質権者は、[   ] を奪われたときは、占有回収の訴えによってのみ、その質物を回復することができる。

先取特権／質権

先取特権

124 ① 払渡し
　　② 引渡し　　　　　　　→304条1項

質権

125 引き渡すこと　　　　　→344条

126 継続して質物を占有　　→352条

127 質物の占有　　　　　　→353条

ポイント✐

　先取特権とは、法律の定める特殊な債権を有する者が、債務者の財産から法律上当然に優先弁済を受ける法定担保物権のことをいいます。

　法定担保物権とは、法律上当然に生じる担保物権のことであり、先取特権のほか留置権がこれにあたります。

　担保物権には、もう1つ約定担保物権があります。これは、当事者の設定行為により生じる担保物権をいいます。質権、抵当権がこれにあたります。

26 抵当権

□□ **128** 抵当権者は、債務者又は第三者が占有を[ ]しないで債務の担保に供した不動産について、**他の債権者に先立って自己の債権の弁済を受ける権利**を有する。

重要 □□ **129** 抵当権は、その担保する債権について不履行があったときは、その後に生じた[ ]に及ぶ。

□□ **130** 同一の不動産について**数個の抵当権**が設定されたときは、その抵当権の順位は、[ ]による。

□□ **131** 抵当不動産の[ ]は、一定の手続に従い、**抵当権消滅請求**をすることができる。

重要 □□ **132** 土地及びその上に存する建物が[①]に属する場合において、その土地又は建物につき抵当権が設定され、その実行により[②]を異にするに至ったときは、その建物について、[③]が設定されたものとみなす。この場合において、[④]は、当事者の請求により、裁判所が定める。

第5章　民法

ポイント！

法定地上権の趣旨は、抵当権設定時に土地と建物の所有者が同一である場合には、自己の土地に利用権の設定をすることができず、競売の際に利用権を設定することも実際上できないことから、建物所有者は、土地所有者にその土地の利用を対抗できず、建物を収去せざるを得なくなります。

これでは、経済上不利益なので、法律により、地上権を生じさせることにしました。

27 債権の目的及び 債務不履行の責任①

RANK ★★

❶ ／ ❷ ／

重要 □□ **133** 債権の目的が ① の引渡しであるときは、債務者は、その引渡しをするまで、契約その他の債権の発生原因及び取引上の社会通念に照らして定まる ② をもって、その物を保存しなければならない。

□□ **134** 法定利率は、年＿＿＿パーセントとする。

注意 □□ **135** 債務の履行について確定期限があるときは、債務者は、その＿＿＿から遅滞の責任を負う。

注意 □□ **136** 債務の履行について不確定期限があるときは、債務者は、その期限の到来した後に ① 又はその期限の到来したことを ② のいずれか早い時から遅滞の責任を負う。

注意 □□ **137** 債務の履行について期限を定めなかったときは、債務者は、履行の＿＿＿を受けた時から遅滞の責任を負う。

□□ **138** 債権者が債務の履行を受けることを拒み、又は受けることができない場合において、その債務の目的が特定物の引渡しであるときは、債務者は、＿＿＿からその引渡しをするまで、自己の財産に対するのと同一の注意をもって、その物を保存すれば足りる。

債権の目的及び 債務不履行の責任①

133 ① 特定物

② 善良な管理者の注意 →400条

134 3 →404条2項

135 期限の到来した時 →412条1項

136 ① 履行の請求を受けた時

② 知った時 →412条2項

137 請求 →412条3項

138 履行の提供をした時 →413条1項

ポイント❗

特定物債権とは、当事者が、その個性に着目した物（特定物）の引渡しを目的とした債権をいいます。

種類債権とは、当事者が、その個性に着目せず、種類と数量のみに着目した物（種類物）の引渡しを目的とした債権をいいます。

28 債権の目的及び 債務不履行の責任②

重要 □□ **139** 債務者がその ① に従った履行をしないとき又
は債務の履行が不能であるときは、債権者は、これに
よって生じた損害の賠償を請求することができる。た
だし、その債務の不履行が契約その他の債務の発生原
因及び取引上の社会通念に照らして債務者の ②
によるものであるときは、この限りでない。

□□ **140** 債務の不履行に対する損害賠償の請求は、これによ
って 損害の賠償をさせることをその目的とす
る。

注意 □□ **141** ① によって生じた損害であっても、当事者が
その事情を ② すべきであったときは、債権者は、
その賠償を請求することができる。

□□ **142** 債務の不履行又はこれによる損害の発生若しくは拡
大に関して債権者に ① ときは、裁判所は、これ
を考慮して、損害賠償の ② を定める。

□□ **143** 金銭の給付を目的とする債務不履行の損害賠償につ
いては、債権者は、 をすることを要しない。

□□ **144** 賠償額の予定は、 ① 又は ② の行使を妨げ
ない。

□□ **145** 違約金は、 の予定と推定する。

債権の目的及び
債務不履行の責任②

139 ① 債務の本旨
② 責めに帰することができない事由　→415条1項
140 通常生ずべき　　　　　　　　→416条1項
141 ① 特別の事情
② 予見　　　　　　　　　　　→416条2項
142 ① 過失があった
② 責任及びその額　　　　　　　→418条
143 損害の証明　　　　　　　　　　→419条2項
144 ① 履行の請求
② 解除権　　　　　　　　　　　→420条2項
145 賠償額　　　　　　　　　　　　→420条3項

第5章　民法

ポイント

　債務不履行とは、債務者に正当な理由がないにもかかわらず、債務の本旨に従った債務の履行をしないことです。これには、①履行遅滞、②履行不能、③不完全履行の3つの態様があります。

29 債権者代位権／詐害行為取消権

RANK ★★★

債権者代位権

重要 □□ **146** 債権者は、 ① するため必要があるときは、債務者に属する権利（以下「被代位権利」という。）を行使することができる。ただし、債務者の ② 及び差押えを禁じられた権利は、この限りでない。

□□ **147** 債権者は、その ① 間は、被代位権利を行使することができない。ただし、 ② は、この限りでない。

□□ **148** 債権者は、その債権が □ により実現することのできないものであるときは、被代位権利を行使することができない。

詐害行為取消権

重要 □□ **149** 債権者は、債務者が ① を知ってした行為の取消しを裁判所に請求することができる。ただし、その行為によって ② （以下この款において「受益者」という。）がその行為の時において債権者を害することを知らなかったときは、この限りでない。

重要 □□ **150** 詐害行為取消請求を認容する確定判決は、 □ に対してもその効力を有する。

□□ **151** 詐害行為取消請求に係る訴えは、債務者が債権者を害することを知って行為をしたことを ① から ② を経過したときは、提起することができない。 ③ から10年を経過したときも、同様とする。

債権者代位権／詐害行為取消権

債権者代位権

146 ① 自己の債権を保全

② 一身に専属する権利　→423条1項

147 ① 債権の期限が到来しない

② 保存行為　　　　　→423条2項

148 強制執行　　　　　　→423条3項

詐害行為取消権

149 ① 債権者を害すること

② 利益を受けた者　→424条1項

150 債務者及びその全ての債権者　→425条

151 ① 債権者が知った時

② 2年

③ 行為の時　　　　→426条

第5章　民法

ポイント

　本来、債務者は、その所有する責任財産を自由に管理できるのが原則です。しかし、債務者の資産状態が悪化したような場合にまでこのような自由を認めると、責任財産が減少しかねず、債権者の地位は著しく不利になります。そこで民法は、一定の場合に債権者が債務者の責任財産に干渉することを認めています。

30 多数当事者の債権及び債務

RANK ★★★

□□ **152** 債務の目的がその性質上可分である場合において、法令の規定又は当事者の意思表示によって数人が連帯して債務を負担するときは、債権者は、その連帯債務者の1人に対し、又は ① に若しくは順次に ② 連帯債務者に対し、全部又は一部の履行を請求することができる。

□□ **153** 連帯債務者の1人について法律行為の無効又は取消しの原因があっても、他の連帯債務者の債務は、その効力を 。

□□ **154** は、主たる債務者がその債務を履行しないときに、その履行をする責任を負う。

注意 □□ **155** 保証契約は、 でしなければ、その効力を生じない。

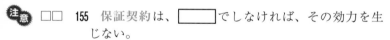

多数当事者の債権及び債務

152　①　同時
　　　②　全ての　　　　　　　→436条
153　妨げられない　　　　　　→437条
154　保証人　　　　　　　　　→446条1項
155　書面　　　　　　　　　　→446条2項

ポイント！

　連帯債務において各債務者が負う債務は、本来、そ
れぞれ別個独立なものなので、連帯債務者の1人につ
いて生じた事由は、ほかの債務者に影響を与えない
（相対的効力）のが原則です。
　しかし、例外的に、一定の事由については、ほかの
債務者に影響を与える絶対効を認めています。試験対
策としては、この絶対効の要件と事例を覚えてくださ
い。

第5章　民法

31 債権譲渡

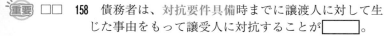

重要 □□ **156** 債権の譲渡（現に発生していない債権の譲渡を含む。）は、譲渡人が債務者に ① をし、又は債務者が ② をしなければ、債務者その他の第三者に対抗することができない。

□□ **157** 156の通知又は承諾は、 によってしなければ、債務者以外の第三者に対抗することができない。

重要 □□ **158** 債務者は、対抗要件具備時までに譲渡人に対して生じた事由をもって譲受人に対抗することが 。

解答　債権譲渡

156 ①　通知
　　 ②　承諾　　　　　　　→467条1項
157　確定日付のある証書　→467条2項
158　できる　　　　　　　→468条1項

ポイント🖊

　債権譲渡とは、譲渡人と譲受人との合意によって成立します。債権の同一性を保ちつつ、債権を移転することを目的とする契約です。

　これは、債権者が債権をあたかも動産や不動産のように売却することを可能とするものです。

　もっとも、債権の譲渡がされた場合、債務者は、誰が債権者であるかを知ることができなくなるおそれが出てきます。そのため、債権譲渡は、譲渡人からの通知または債務者の承諾がなければ、債権の譲渡を債務者に対抗することができません。

第5章　民法

32 債権の消滅

RANK
★★

重要 ☐☐ **159** 債務の弁済は、[＿＿＿＿]もすることができる。

注意 ☐☐ **160** [①]（債権者及び法令の規定又は当事者の意思表示によって弁済を受領する権限を付与された第三者をいう。）以外の者であって取引上の社会通念に照らして受領権者としての外観を有するものに対してした弁済は、その弁済をした者が[②]であり、かつ、[③]に限り、その効力を有する。

☐☐ **161** 弁済をすることができる者（以下「弁済者」という。）が、債権者との間で、債務者の負担した給付に代えて他の給付をすることにより債務を消滅させる旨の契約をした場合において、その弁済者が当該他の給付をしたときは、その給付は、[＿＿＿＿]を有する。

☐☐ **162** 債権の目的が特定物の引渡しである場合において、契約その他の債権の発生原因及び取引上の社会通念に照らしてその引渡しをすべき時の品質を定めることができないときは、弁済をする者は、その[＿＿＿＿]でその物を引き渡さなければならない。

☐☐ **163** 債務者のために弁済をした者は、[＿＿＿＿]する。

注意 ☐☐ **164** 債権及び債務が同一人に帰属したときは、その債権は、[＿＿＿＿]する。ただし、その債権が第三者の権利の目的であるときは、この限りでない。

債権の消滅

159 第三者　　　　　　　　　　→474条1項

160 ①　受領権者

　　②　善意

　　③　過失がなかったとき　→478条

161 弁済と同一の効力　　　　→482条

162 引渡しをすべき時の現状　→483条

163 債権者に代位　　　　　　→499条

164 消滅　　　　　　　　　　→520条

ポイント!

　債権の消滅原因としては、弁済、代物弁済、相殺、更改、免除、混同などがあります。

　弁済とは、債務の内容である一定の給付を実現して債権者を満足させる債務者その他の第三者の準法律行為をいいます。

　弁済をするについて正当な利益を有する者でない第三者は、債務者や債権者の意思に反して弁済をすることができないのが原則です（474条2項、3項）。

33 契約総則①

注意 □□ **165** 承諾の期間を定めてした契約の申込みは、 [ ] することができない。

□□ **166** 申込者が165の申込みに対して承諾の期間内に承諾の通知を受けなかったときは、その申込みは、その [ ] を失う。

重要 □□ **167** 双務契約の当事者の一方は、相手方がその債務の履行（債務の履行に代わる損害賠償の債務の履行を含む。）を提供するまでは、自己の [ ] を拒むことができる。ただし、相手方の債務が弁済期にないときは、この限りでない。

契約総則①

165 撤回　　　　　　　　　　→523条1項本文

166 効力　　　　　　　　　　→523条2項

167 債務の履行　　　　　　　→533条

ポイント✐

　契約は、**申込み**と**承諾**という当事者の相対立する意思表示が合致することにより成立する法律行為です。

　契約に関しては、近代私法の基本原則である**契約自由の原則**があります。しかし、これを形式的に適用すると強者が弱者に対して自己に有利な契約を押しつけるおそれがあります。

　そこで、現代では、契約自由の原則に修正を加えています（例：借地借家法、労働基準法等）。

第5章　民法

34 契約総則②

RANK
★★

□□ **168** 債権者の責めに帰すべき事由によって債務を履行することができなくなったときは、債権者は、反対給付の履行を拒むことができない。この場合において、債務者は、自己の債務を免れたことによって利益を得たときは、これを債権者に□□□□しなければならない。

重要 □□ **169** 当事者の一方がその債務を履行しない場合において、相手方が相当の期間を定めてその履行の□①□をし、その期間内に履行がないときは、相手方は、□②□をすることができる。ただし、その期間を経過した時における債務の不履行がその契約及び取引上の社会通念に照らして軽微であるときは、この限りでない。

□□ **170** 債務の不履行が□□□□によるものであるときは、債権者は、前二条（注：541条、542条）の規定による契約の解除をすることができない。

□□ **171** 当事者の一方がその解除権を行使したときは、各当事者は、□①□を負う。ただし、□②□を害することはできない。

□□ **172** 解除権の行使は、□□□□の請求を妨げない。

契約総則②

168 償還　　　　　　　　　　　→536条2項

169 ①　催告

　　②　契約の解除　　　　　→541条

170 債権者の責めに帰すべき事由　→543条

171 ①　その相手方を原状に復させる義務

　　②　第三者の権利　　　　→545条1項

172 損害賠償　　　　　　　　　→545条4項

ポイント

　解除とは、契約成立後に、一方の当事者の意思表示によって、その契約が初めから存在しなかった場合と同様の状態に戻す効果を生じさせることをいいます。

　解除には、契約の規定により当事者の一方ないし双方に解除権を与える約定解除権と、法律の規定により解除権が生じる法定解除があります。

　また、当事者の合意によって契約関係を消滅させる合意解除（解除契約）も認められます。

③⑤ 贈与及び売買

注意 ☐☐ **173** 書面によらない贈与は、各当事者が ① をする
ことができる。ただし、 ② 部分については、こ
の限りでない。

☐☐ **174** 贈与者は、贈与の目的である物又は権利を、贈与の
目的として特定した時の状態で引き渡し、又は移転す
ることを約したものと 。

注意 ☐☐ **175** 買主が売主に手付を交付したときは、買主はその手
付を放棄し、売主はその ① を現実に提供して、
契約の解除をすることができる。ただし、その相手方
が契約の ② した後は、この限りでない。

重要 ☐☐ **176** 引き渡された目的物が種類、品質又は数量に関して
① ものであるときは、買主は、売主に対し、目
的物の修補、代替物の引渡し又は不足分の引渡しによ
る ② を請求することができる。

重要 ☐☐ **177** 562条1項本文に規定する場合において、買主が相
当の期間を定めて履行の追完の ① をし、その期
間内に履行の追完がないときは、買主は、その不適合
の程度に応じて ② を請求することができる。

173 ① 解除
　　② 履行の終わった　　→550条
174 推定する　　→551条1項
175 ① 倍額
　　② 履行に着手　　→557条1項
176 ① 契約の内容に適合しない
　　② 履行の追完　　→562条1項
177 ① 催告
　　② 代金の減額　　→563条1項

第5章 民法

ポイント

　書面による贈与では、各当事者は、解除することはできません（550条の反対解釈）。これは、贈与の意思が書面に記されることにより、明確になっているからです。

　手付とは、契約締結の際に、当事者の一方から他方に対して交付される金銭その他の有価物をいいます。

36 消費貸借／使用貸借／賃貸借

消費貸借

□□ 178 消費貸借は、当事者の一方が種類、品質及び数量の同じ物をもって返還をすることを約して相手方から金銭その他の物を _____ によって、その効力を生ずる。

使用貸借

注意 □□ 179 使用貸借は、_____ の死亡によって、その効力を失う。

賃貸借

□□ 180 賃貸借の存続期間は、_____ を超えることができない。契約でこれより長い期間を定めたときであっても、その期間は、_____ とする。

□□ 181 賃貸借の存続期間は、_____ することができる。ただし、その期間は、_____ の時から50年を超えることができない。

□□ 182 賃貸人は、賃貸物の使用及び収益に必要な _____ をする義務を負う。

重要 □□ 183 賃借人は、_____ の承諾を得なければ、その賃借権を譲り渡し、又は賃貸物を転貸することができない。

□□ 184 賃借人が183の規定に違反して第三者に賃貸物の使用又は収益をさせたときは、賃貸人は、_____ をすることができる。

消費貸借

178 受け取ること　　　　　→587条

使用貸借

179 借主　　　　　　　　　→597条3項

賃貸借

180 50年　　　　　　　　　→604条1項
181 更新　　　　　　　　　→604条2項
182 修繕　　　　　　　　　→606条1項本文
183 賃貸人　　　　　　　　→612条1項
184 契約の解除　　　　　　→612条2項

第5章 民法

ポイント

　例えば、AがBに対して土地を賃貸している場合において、Zが土地を不法占拠している場合、Bは、いかなる手段によってZを排除することができるでしょうか。

　このような場合、①占有訴権に基づく妨害排除請求、②所有権に基づく妨害排除請求の代位行使（423条）、③賃借権に基づく妨害排除請求（Bが対抗要件を備えている場合）により排除請求することができます。

37 請負

RANK ★★

□□ **185** ＿＿＿＿は、当事者の一方がある仕事を完成することを約し、相手方がその仕事の結果に対してその報酬を支払うことを約することによって、その効力を生ずる。

□□ **186** 次に掲げる場合において、請負人が既にした仕事の結果のうち可分な部分の給付によって注文者が利益を受けるときは、その部分を仕事の完成とみなす。この場合において、請負人は、注文者が受ける利益の割合に応じて報酬を請求することができる。
　一　＿①＿事由によって仕事を完成することができなくなったとき。
　二　請負が＿②＿に解除されたとき。

注意 □□ **187** 請負人が種類・品質に関して契約の内容に適合しない仕事の目的物を注文者に引き渡した場合において、注文者がその不適合を知った時から＿①＿以内にその旨を請負人に＿②＿しないときは、注文者は、その不適合を理由として、履行の追完の請求、報酬の減額の請求、損害賠償の請求及び＿③＿をすることができない。

重要 □□ **188** 請負人が仕事を完成しない間は、注文者は、＿＿＿＿損害を賠償して契約の解除をすることができる。

185	請負	→632条
186	①	注文者の責めに帰することができない
	②	仕事の完成前 →634条
187	①	1年
	②	通知
	③	契約の解除 →637条1項
188	いつでも	→641条

ポイント

　請負人は仕事完成義務を負います。そのため、誰が労務を提供するかは、原則として問いません。

　したがって、請負人は、特約がある場合や請負人自身による仕事が意義を有する場合（例：演奏、講演等）を除いて、下請負人を使用して仕事を完成させることができます。

38 委任／寄託

RANK ★★

委任

重要 □□ 189 受任者は、委任の本旨に従い、[____]をもって、委任事務を処理する義務を負う。

□□ 190 受任者は、特約がなければ、委任者に対して[____]ことができない。

□□ 191 委任は、次に掲げる事由によって終了する。
一 委任者又は受任者の[①]
二 委任者又は受任者が[②]の決定を受けたこと。
三 受任者が[③]の審判を受けたこと。

寄託

□□ 192 受寄者は、[____]を得なければ、寄託物を使用することができない。

注意 □□ 193 無報酬の寄託者は、[____]の注意をもって、寄託物を保管する義務を負う。

□□ 194 当事者が寄託物の返還の時期を定めたときであっても、[____]は、いつでもその返還を請求することができる。

□□ 195 当事者が寄託物の返還の時期を定めなかったときは、[____]は、いつでもその返還をすることができる。

解答 ▶ 委任／寄託

委任

189 善良な管理者の注意　　→644条

190 報酬を請求する　　　　→648条1項

191 ① 死亡

② 破産手続開始

③ 後見開始　　　　　→653条

寄託

192 寄託者の承諾　　　　　→658条1項

193 自己の財産に対するのと同一　→659条

194 寄託者　　　　　　　　→662条1項

195 受寄者　　　　　　　　→663条1項

ポイント🖊

　受任者は、委任事務の処理をするにあたり、委任契約の無償・有償を問わず、善管注意義務を負います。
　これに対して、寄託は、有償であれば善管注意義務を負いますが、無償だと自己の財産に対するのと同一の注意義務で足ります。

39 **不法行為①**

RANK ★★★

重要 □□ **196** 　① 　又は　② 　によって他人の権利又は　③
を侵害した者は、これによって生じた損害を賠償する
責任を負う。

□□ **197** 　ある事業のために　① 　者は、被用者がその　②
について第三者に加えた損害を賠償する責任を負う。
ただし、使用者が被用者の選任及びその事業の
　③ 　とき、又は相当の注意をしても損害が生ずべ
きであったときは、この限りでない。

□□ **198** 　使用者に代わって　　　　　者も、197の責任を負う。

注意 □□ **199** 　197・198の規定は、使用者又は監督者から被用者に対
する　　　　　を妨げない。

□□ **200** 　注文者は、請負人がその仕事について第三者に加え
た損害を賠償する責任を負わない。ただし、注文又は
指図についてその　　　　　ときは、この限りでない。

196 ① 故意
② 過失
③ 法律上保護される利益 →709条
197 ① 他人を使用する
② 事業の執行
③ 監督について相当の注意をした →715条1項
198 事業を監督する →715条2項
199 求償権の行使 →715条3項
200 注文者に過失があった →716条

第5章 民法

ポイント

　不法行為制度の趣旨は、被害者の救済及び損害の公平な分担にあります。不法行為は、一般不法行為と、一般不法行為を修正した特殊不法行為に分かれます。
　学習時に意識してほしいのが、不法行為の要件を正確に押さえることです。

40 不法行為②

 ☐☐ **201** 土地の工作物の設置又は保存に瑕疵があることによって他人に損害を生じたときは、その工作物の ① は、被害者に対してその損害を賠償する責任を負う。ただし、 ① が損害の発生を防止するのに必要な注意をしたときは、 ② がその損害を賠償しなければならない。

☐☐ **202** 他人の不法行為に対し、自己又は第三者の権利又は法律上保護される利益を⬜⬜⬜ため、やむを得ず加害行為をした者は、損害賠償の責任を負わない。ただし、被害者から不法行為をした者に対する損害賠償の請求を妨げない。

 ☐☐ **203** 不法行為による損害賠償の請求権は、次に掲げる場合には、時効によって消滅する。
一 被害者又はその法定代理人が損害及び ① を知った時から3年間行使しないとき。
二 ② から20年間行使しないとき。

不法行為②

201　①　占有者
　　　②　所有者　　　　　　　→717条1項
202　防衛する　　　　　　　　→720条1項
203　①　加害者
　　　②　不法行為の時　　　　→724条

ポイント🖊

　工作物責任は、他人に損害を生ぜしめる危険性を有する工作物を支配している以上、その危険性について責任を負うべきであるという危険責任の原理に基づきます。

　なお、使用者責任は、被用者の活動により利益をあげている使用者が、損失についても負担するのが公平であるという報償責任の原理に基づきます。

第5章　民法

41 親族①

RANK ★★

□□ **204** 養子と養親及びその血族との間においては、〔　　　〕から、血族間におけるのと同一の親族関係を生ずる。

□□ **205** 姻族関係は、〔　　　〕によって終了する。

重要 □□ **206** 夫婦の一方が死亡した場合において、生存配偶者が〔　　　〕を終了させる意思を表示したときも、205と同様とする。

□□ **207** 養子及びその配偶者並びに養子の直系卑属及びその配偶者と養親及びその血族との親族関係は、〔　　　〕によって終了する。

□□ **208** 女は、前婚の解消又は取消しの日から起算して〔　①　〕を経過した後でなければ、〔　②　〕をすることができない。

□□ **209** 直系血族又は3親等内の傍系血族の間では、〔　　　〕ができない。ただし、養子と養方の傍系血族との間では、この限りでない。

□□ **210** 直系姻族の間では、〔　　　〕ができない。728条又は817条の9の規定により姻族関係が終了した後も、同様とする。

□□ **211** 養子若しくはその配偶者又は養子の直系卑属若しくはその配偶者と養親又はその直系尊属との間では、207の規定により親族関係が終了した後でも、〔　　　〕ができない。

204	養子縁組の日	→727条
205	離婚	→728条1項
206	姻族関係	→728条2項
207	離縁	→729条
208	① 100日	
	② 再婚	→733条1項
209	婚姻をすること	→734条1項
210	婚姻をすること	→735条
211	婚姻をすること	→736条

ポイント

　人と人とが最も緊密に結ばれる関係は家族関係といえます。

　親族法は、こうした家族関係をめぐって紛争が生じた場合に、その解決の基準を与え、また、国が家族関係に関する問題について後見的に介入する必要を生じる場合の基準を与えるものです。

第5章　民法

42 親族②

重要 □□ 212 成年被後見人が婚姻をするには、その成年後見人の同意を[　　　]。

注意 □□ 213 婚姻は、戸籍法の定めるところにより[　　　]ことによって、その効力を生ずる。

□□ 214 婚姻は、次に掲げる場合に限り、無効とする。
一 人違いその他の事由によって当事者間に[①]がないとき。
二 当事者が[②]をしないとき。

□□ 215 婚姻の取消しは、[　　　]のみその効力を生ずる。

□□ 216 妻が[①]中に懐胎した子は、夫の子と[②]。

□□ 217 夫は、子の出生後において、その嫡出であることを承認したときは、その[　　　]を失う。

□□ 218 嫡出否認の訴えは、夫が[　　　]を知った時から1年以内に提起しなければならない。

□□ 219 認知をするには、父又は母が未成年者又は[　　　]であるときであっても、その法定代理人の同意を要しない。

注意 □□ 220 認知は、[　　　]にさかのぼってその効力を生ずる。

212	要しない	→738条
213	届け出る	→739条1項
214	① 婚姻をする意思	
	② 婚姻の届出	→742条
215	将来に向かって	→748条1項
216	① 婚姻	
	② 推定する	→772条1項
217	否認権	→776条
218	子の出生	→777条
219	成年被後見人	→780条
220	出生の時	→784条本文

第5章　民法

ポイント

　婚姻の成立には、①戸籍法の定めに基づく届出（形式的要件）、②婚姻意思の合致と婚姻障害の不存在（実質的要件）が必要です。

　婚姻意思の内容としては、単に婚姻届出に向けられた意思（形式的意思）だけでは足りず、夫婦共同生活を送る意思（実質的意思）が必要です。

43 親族③

RANK ★

□□ **221** 子、その直系卑属又はこれらの者の法定代理人は、認知の訴えを提起することができる。ただし、父又は母の ① から ② を経過したときは、この限りでない。

□□ **222** 配偶者のある者が縁組をするには、その の同意を得なければならない。ただし、配偶者とともに縁組をする場合又は配偶者がその意思を表示することができない場合は、この限りでない。

重要 □□ **223** 養子は、縁組の日から、養親の の身分を取得する。

注意 □□ **224** 親権を行う者は、自己のためにするのと の注意をもって、その管理権を行わなければならない。

□□ **225** 未成年者に対して最後に親権を行う者は、遺言で、 を指定することができる。

□□ **226**   は、後見開始の審判をするときは、職権で、成年後見人を選任する。

□□ **227** 後見人は、 ① があるときは、 ② を得て、その任務を辞することができる。

□□ **228** 直系血族及び は、互いに扶養をする義務がある。

221 ① 死亡の日
　　② 　3年　　　　　　　　→787条
222 配偶者　　　　　　　　　　→796条
223 嫡出子　　　　　　　　　　→809条
224 同一　　　　　　　　　　　→827条
225 未成年後見人　　　　　　　→839条1項本文
226 家庭裁判所　　　　　　　　→843条1項
227 ① 正当な事由
　　② 家庭裁判所の許可　　　→844条
228 兄弟姉妹　　　　　　　　　→877条1項

第5章 民法

ポイント🖊

　嫡出子とは、婚姻関係にある男女間に懐胎・出生した子をいいます。嫡出子は、出生時より嫡出性を取得する生来嫡出子と、一定の事由が生じることによって嫡出性が認められる準正嫡出子があります。

　親権は、父母の婚姻中、原則として父母が共同して行います（親権共同行使の原則）。

44 相 続 ①

重要 □□ **229** 相続は、 ___ によって開始する。

注意 □□ **230** 胎児は、相続については、 ___ とみなす。

□□ **231** 被相続人は、いつでも、推定相続人の廃除の取消しを ___ に請求することができる。

重要 □□ **232** 相続による権利の承継は、 ① によるものかどうかにかかわらず、900条及び第901条の規定により算定した相続分を超える部分については、 ② を備えなければ、第三者に対抗することができない。

重要 □□ **233** 同順位の相続人が数人あるときは、その相続分は、次の各号の定めるところによる。
　一　子及び配偶者が相続人であるときは、子の相続分及び配偶者の相続分は、各 ① とする。
　二　配偶者及び直系尊属が相続人であるときは、配偶者の相続分は、 ② とし、直系尊属の相続分は、 ③ とする。
　三　配偶者及び兄弟姉妹が相続人であるときは、配偶者の相続分は、 ④ とし、兄弟姉妹の相続分は、 ⑤ とする。

229	死亡	→882条
230	既に生まれたもの	→886条1項
231	家庭裁判所	→894条1項

232 ① 遺産の分割

② 登記、登録その他の対抗要件 →899条の2第1項

233	①	2分の1	→900条1号
	②	3分の2	
	③	3分の1	→900条2号
	④	4分の3	
	⑤	4分の1	→900条3号

ポイント

相続とは、ある人が死亡した場合に、その者の権利義務を一定の身分関係に立つ者が包括的に承継することをいいます。

相続の開始によって承継される財産的地位の従来の主体を被相続人といい、新たな主体を相続人といいます。相続と関係する同時死亡の推定（32条の2）も読んでおきましょう。

第5章 民法

❶ ／ ❷ ／

45 相 続 ②

RANK ★★

□□ **234** 遺産の分割は、[＿＿＿]の時にさかのぼってその効力を生ずる。

重要 □□ **235** 相続人は、自己のために相続の開始があったことを知った時から [①] 以内に、相続について、単純若しくは限定の承認又は放棄をしなければならない。ただし、この期間は、利害関係人又は検察官の請求によって、[②] において伸長することができる。

□□ **236** 相続の放棄をしようとする者は、その旨を[＿＿＿]に申述しなければならない。

□□ **237** 相続の放棄をした者は、その相続に関しては、[＿＿＿]から相続人とならなかったものとみなす。

注意 □□ **238** 15歳に達した者は、遺言をすることが[＿＿＿]。

□□ **239** 遺言は、2人以上の者が[＿＿＿]ですることができない。

□□ **240** 遺言は、[＿＿＿]の死亡の時からその効力を生ずる。

□□ **241** 包括受遺者は、[＿＿＿]と同一の権利義務を有する。

234	相続開始	→909条本文
235	① ３か月	
	② 家庭裁判所	→915条１項
236	家庭裁判所	→938条
237	初め	→939条
238	できる	→961条
239	同一の証書	→975条
240	遺言者	→985条１項
241	相続人	→990条

第5章 民法

ポイント！

　相続の承認・放棄は財産上の行為ですから、相続人が承認・放棄をするには行為能力が必要です。

　また、相続の承認・放棄は、相続財産について包括的になされなければならず、その一部についてのみ承認・放棄することは許されません。

46 相 続 ③

RANK ★★

□□ **242** 前の遺言が後の遺言と抵触するときは、その抵触する部分については、後の遺言で前の遺言を ____ したものとみなす。

重要 □□ **243** 兄弟姉妹以外の相続人は、遺留分として、次条（注：1043条）第1項に規定する遺留分を算定するための財産の価額に、次の各号に掲げる区分に応じてそれぞれ当該各号に定める割合を乗じた額を受ける。

一　直系尊属のみが相続人である場合　① ____

二　1号に掲げる場合以外の場合　② ____

□□ **244** 遺留分権利者及びその承継人は、受遺者又は受贈者に対し、遺留分侵害額に相当する ____ を請求することができる。

□□ **245** 遺留分侵害額の請求権は、遺留分権利者が、相続の開始及び遺留分を侵害する贈与又は遺贈があったことを知った時から ① ____ 行使しないときは、時効によって消滅する。相続開始の時から ② ____ を経過したときも、同様とする。

注意 □□ **246** 相続の開始前における遺留分の放棄は、 ____ の許可を受けたときに限り、その効力を生ずる。

242	撤回	→1023条1項
243	① 3分の1	
	② 2分の1	→1042条1項
244	金銭の支払	→1046条1項
245	① 1年間	
	② 10年	→1048条
246	家庭裁判所	→1049条1項

ポイント！

　遺言とは、一定の方式で表示された個人の意思に、この者の死後、それに即した法的効果を与えるという法技術をいいます。

　遺言制度は、遺言者の最終意思を尊重し、主に相続の法定の原則を修正するために用いられます。

伊藤塾からのアドバイス⑤

ポイント♪を利用する！

　本書の解答ページには、**ポイント♪**があります。ここには、いろんなアドバイスや、知識の補充がされています。

　例えば、ある条文や制度などについて、その趣旨などを書いています。

　条文や制度には趣旨があります。「趣旨」とは、簡単にいえば、その条文や制度ができた目的です。目的を理解すると、その条文がなぜ存在するのかがわかり、理解と記憶の助けになります。

　また、問題文にはなっていないけれども、目を通しておいたほうがよい条文のフォローもしています。

　その他、出題されやすい箇所など、学習に役立つことを書いています。

　学習している最中のちょっとした息抜きにもなるでしょう。そして、**ポイント♪**だけを読み進めるのも、よい学習になると思います。

第 **6** 章

商法(会社法)

- 設 立
- 株 式
- 機 関
- 定 義

❶ ／ ❷ ／

1 設 立

RANK ★★★

- ☐☐ **1** 各発起人は、株式会社の設立に際し、設立時発行株式を ☐☐☐ 以上引き受けなければならない。

- ☐☐ **2** 定款は、 ☐☐☐ の認証を受けなければ、その効力を生じない。

- 重要 ☐☐ **3** 発起人は、株式会社が発行することができる株式の総数（以下、「発行可能株式総数」という）を定款で定めていない場合には、株式会社の ☐①☐ の時までに、その ☐②☐ の同意によって、定款を変更して発行可能株式総数の定めを設けなければならない。

- ☐☐ **4** 発起人は、 ☐☐☐ の履行が完了した後、遅滞なく、設立時取締役を選任しなければならない。

- ☐☐ **5** 設立時役員等の選任は、発起人の議決権の ☐☐☐ をもって決定する。

- 注意 ☐☐ **6** 発起人、設立時取締役又は設立時監査役がその職務を行うについて悪意又は ☐①☐ があったときは、当該発起人、設立時取締役又は設立時監査役は、これによって第三者に生じた ☐②☐ する責任を負う。

- ☐☐ **7** 創立総会は、創立総会の目的である事項以外の事項については、決議をすることができない。ただし、定款の変更又は株式会社の設立の ☐☐☐ については、この限りでない。

設 立

1　1株　　　　　　　　→25条2項
2　公証人　　　　　　　→30条1項
3　①　成立
　　②　全員　　　　　　→37条1項
4　出資　　　　　　　　→38条1項
5　過半数　　　　　　　→40条1項
6　①　重大な過失
　　②　損害を賠償　　　→53条2項
7　廃止　　　　　　　　→73条4項

ポイント🖋

　株式会社の設立とは、株式会社という団体を形成し、株式会社が法人格を取得し、法律上法人となることをいいます。

　設立の場面では、発起人が登場しますが、発起人とは、定款に発起人として署名または記名押印した者をいいます。

2　株　式

RANK ★★

❶ ／　❷ ／

□□ **8**　**株主の責任**は、その有する株式の◻◻◻を限度とする。

□□ **9**　株主は、その有する株式につき次に掲げる権利その他この法律の規定により認められた権利を有する。
一　◻①◻の配当を受ける権利
二　**残余財産の分配を受ける権利**
三　株主総会における◻②◻

□□ **10**　株式会社は、株主を、その有する株式の◻◻◻及び数に応じて、**平等**に取り扱わなければならない。

□□ **11**　株式会社は、株主名簿管理人を置く旨を定款で定め、当該事務を行うことを◻◻◻することができる。

□□ **12**　株券発行会社の**株式の譲渡**は、当該株式に係る◻◻◻しなければ、その効力を生じない。ただし、自己株式の処分による株式の譲渡については、この限りでない。

□□ **13**　**株式の譲渡**は、その株式を取得した者の氏名又は名称及び住所を◻◻◻に記載し、又は記録しなければ、株式会社その他の第三者に対抗することができない。

242　第6章　商法（会社法）

8	引受価額	→104条
9	① 剰余金	
	② 議決権	→105条1項
10	内容	→109条1項
11	委託	→123条
12	株券を交付	→128条1項
13	株主名簿	→130条1項

ポイント

　株券とは、株主の地位たる株式を表章する有価証券です。

　会社法では、株券は発行しないのが原則であり、定款の定めがある場合に限り発行することができます。

第6章　商法（会社法）

3 機 関 ①

RANK ★★★

重要 □□ **14** 株主は、□□□□によってその**議決権**を**行使**することができる。この場合においては、当該株主又は□□□□は、代理権を証明する書面を株式会社に提出しなければならない。

□□ **15** 株式会社は、株主総会の日から□□□年間、**株主総会議事録**をその本店に備え置かなければならない。

注意 □□ **16** 次に掲げる株式会社は、**取締役会**を置かなければならない。
　一　□①□　　　　　　　三　監査等委員会設置会社
　二　監査役会設置会社　　四　□②□

□□ **17** 取締役会設置会社（監査等委員会設置会社及び指名委員会等設置会社を除く。）は、**監査役**を置かなければならない。ただし、公開会社でない□□□□設置会社については、この限りでない。

□□ **18** **会計監査人設置会社**（監査等委員会設置会社及び指名委員会等設置会社を除く。）は、□□□□を置かなければならない。

□□ **19** **監査等委員会設置会社及び指名委員会等設置会社**は、□□□□を置いてはならない。

□□ **20** **監査等委員会設置会社及び指名委員会等設置会社**は、□□□□を置かなければならない。

14　代理人　　　　　　　　→310条1項

15　10　　　　　　　　　　→318条2項

16　①　公開会社

　　②　指名委員会等設置会社　→327条1項

17　会計参与　　　　　　　→327条2項

18　監査役　　　　　　　　→327条3項

19　監査役　　　　　　　　→327条4項

20　会計監査人　　　　　　→327条5項

ポイント✐

　株主総会は、株主の多数意見により会社の意思を決定する必要的機関をいいます。株主総会開催まで一連の手続があるので、一度その流れを整理してみましょう。

❶ ／ ❷ ／

4 機 関 ②

RANK
★
★★

重要 □□ **21** 大会社（ ① でないもの、監査等委員会設置会社及び指名委員会等設置会社を除く。）は、 ② 及び会計監査人を置かなければならない。

□□ **22** 公開会社でない大会社は、 を置かなければならない。

□□ **23** 株式会社と役員及び会計監査人との関係は、 に関する規定に従う。

□□ **24** 監査役の任期は、選任後 ① 年以内に終了する事業年度のうち最終のものに関する ② の終結の時までとする。

□□ **25** 会計参与は、公認会計士若しくは監査法人又は 若しくは 法人でなければならない。

□□ **26** 会計監査人は、公認会計士又は でなければならない。

□□ **27** は、株式会社を代表する。ただし、他に代表取締役その他株式会社を代表する者を定めた場合は、この限りでない。

注意 □□ **28** 監査役の報酬等は、 ① にその額を定めていないときは、 ② の決議によって定める。

機 関 ②

21 ① 公開会社
　 ② 監査役会　　　　　　→328条1項
22 会計監査人　　　　　　　→328条2項
23 委任　　　　　　　　　　→330条
24 ① 4
　 ② 定時株主総会　　　　→336条1項
25 税理士　　　　　　　　　→333条1項
26 監査法人　　　　　　　　→337条1項
27 取締役　　　　　　　　　→349条1項
28 ① 定款
　 ② 株主総会　　　　　　→387条1項

第6章 商法（会社法）

ポイント！

　会社法は、株主総会と取締役の設置を要求し、その他の機関は、定款で定めて設置する任意的機関としています。これは、会社の実態に応じた柔軟な機関設計をするためです。

　もっとも、機関設計に関しては、一定のルールがあるので、しっかりと記憶してください。

5 定 義

RANK ★★

❶ / ❷ /

重要 □□ **29** 会社とは、株式会社、□①□、合資会社又は□②□のことである。

□□ **30** □□□□とは、その発行する全部又は一部の株式の内容として譲渡による当該株式の取得について株式会社の承認を要する旨の定款の定めを設けていない株式会社のことをいう。

□□ **31** 大会社とは、最終事業年度に係る貸借対照表に資本金として計上した額が□①□以上であるか、又は最終事業年度に係る貸借対照表の負債の部に計上した額の合計額が□②□以上である会社をいう。

□□ **32** 指名委員会等設置会社とは、指名委員会、監査委員会及び□□□□を置く株式会社をいう。

注意 □□ **33** □□□□とは、株式会社がその発行する全部又は一部の株式の内容として譲渡による当該株式の取得について当該株式会社の承認を要する旨の定めを設けている場合における当該株式をいう。

□□ **34** 株式交換とは、株式会社がその発行済株式の全部を他の株式会社又は□□□□に取得させることをいう。

定　義

29	①　合名会社	
	②　合同会社	→2条1号
30	公開会社	→2条5号
31	①　5億円	
	②　200億円	→2条6号
32	報酬委員会	→2条12号
33	譲渡制限株式	→2条17号
34	合同会社	→2条31号

ポイント

- 持分会社は、株式会社と異なり、社員間に人的信頼関係があります。また、社員が経営について能力と意欲を有することを前提とします。このため、各社員は、原則として会社の業務を執行し、会社を代表します。
- 株式会社において一部の種類の株式でも譲渡制限のないものがあれば、会社法上、その会社は「公開会社」です。

さくいん

〔著者紹介〕

伊藤塾（いとうじゅく）

　行政書士、宅建士、司法書士、司法試験など法律科目のある資格試験や公務員試験の合格者を多数輩出している受験指導校。

　1995年5月3日の憲法記念日に、法人名を「株式会社　法学館」として設立。憲法の理念を広めることを目的とし、憲法の心と真髄をあまねく伝えること、また、一人一票を実現し、日本を真の民主主義国家にするための活動を行っている。伊藤塾塾長は、カリスマ講師として名高い伊藤真。

　伊藤塾・行政書士試験科では、きめ細かな個別指導やインターネット講義、サポート制度など、受講者のことを第一に考える指導で、一発合格者や働きながらの合格者なども多数輩出している。さらに、合格後を見据え、「明日の行政書士講座」を開催するなど、真の法律家の育成を目指している。

改訂2版
伊藤塾　1分マスター行政書士　重要条文編

2021年7月9日　初版発行

著者／伊藤塾

発行者／青柳　昌行

発行／株式会社KADOKAWA
〒102-8177　東京都千代田区富士見2-13-3
電話　0570-002-301(ナビダイヤル)

印刷所／株式会社加藤文明社印刷所

本書の無断複製（コピー、スキャン、デジタル化等）並びに
無断複製物の譲渡及び配信は、著作権法上での例外を除き禁じられています。
また、本書を代行業者などの第三者に依頼して複製する行為は、
たとえ個人や家庭内での利用であっても一切認められておりません。

●お問い合わせ
https://www.kadokawa.co.jp/（「お問い合わせ」へお進みください）
※内容によっては、お答えできない場合があります。
※サポートは日本国内のみとさせていただきます。
※Japanese text only

定価はカバーに表示してあります。

©Ito-juku 2021　Printed in Japan
ISBN 978-4-04-605246-9　C2032